公司法
学习笔记
与
重点条文解读

王真真　编著

法律出版社
LAW PRESS · CHINA
北京

图书在版编目(CIP)数据

公司法学习笔记与重点条文解读 / 王真真编著. -- 北京 : 法律出版社, 2024
ISBN 978 - 7 - 5197 - 8855 - 1

Ⅰ. ①公… Ⅱ. ①王… Ⅲ. ①公司法-中国-学习参考资料 Ⅳ. ①D922.291.914

中国国家版本馆 CIP 数据核字(2024)第 028672 号

公司法学习笔记与重点条文解读
GONGSIFA XUEXI BIJI YU
ZHONGDIAN TIAOWEN JIEDU

王真真 编著

策划编辑 似 玉
责任编辑 似 玉
装帧设计 汪奇峰

出版发行 法律出版社
编辑统筹 法律应用出版分社
责任校对 朱海波
责任印制 刘晓伟
经 销 新华书店

开本 880 毫米×1230 毫米 1/32
印张 7.5 **字数** 161 千
版本 2024 年 3 月第 1 版
印次 2024 年 3 月第 1 次印刷
印刷 北京金康利印刷有限公司

地址:北京市丰台区莲花池西里 7 号(100073)
网址:www.lawpress.com.cn
投稿邮箱:info@lawpress.com.cn
举报盗版邮箱:jbwq@lawpress.com.cn
销售电话:010 - 83938349
客服电话:010 - 83938350
咨询电话:010 - 63939796

书号:ISBN 978 - 7 - 5197 - 8855 - 1
定价:45.00 元

凡购买本社图书,如有印装错误,我社负责退换。电话:010 - 83938349

编写说明

我国《公司法》于1993年12月29日通过，至今已有三十年，其间分别于1999年12月、2004年8月、2013年12月、2018年10月历经四次小幅度修正，于2005年10月历经了一次大幅修订，此后一直没有特别大的修改。直至2023年12月29日，新《公司法》修订通过，此次修订历时三年，新增和修改的条文达200多条。因此，如今的公司法已经是全新的公司法了。为了方便大家学习和研究新公司法，特编本书——《公司法学习笔记与重点条文解读》。

要正确适用新公司法，首先需要理解公司法条文的确切含义，然后才是将法律条文运用到实际的案例中。本书的目的即在于为读者提供一个准确理解新公司法条文的入门材料。

一般的公司法教科书重视理论阐释，强调理论和原理的讲授。与其他的公司法书籍相比，本书具有以下几个特点：

1. 在内容上，并不追求面面俱到，而是就一些重点条文进行分析与研究。重点条文解读主要是就相关条文的含义、适用等进行阐释，帮助读者理解重点条文要旨和基本内容。

2. 在重点条文之下，设置推荐阅读栏目，就该条文所涉及的问题，列出相关的论文和专著，有兴趣探究相关议题的读者可根据推荐的文献进行深度阅读。

3. 请求权基础提示。请求权基础思维方法在公司法中的运用尚处于初级阶段。请求权基础提示栏目主要是根据请求权基础的思维方法，就有请求权基础的条文，初步分析行使请求权的主体、相对人及内容。

4. 法条的交叉引用。引用性法条是立法者为避免重复规定而采取的一种立法技术，但法律条文的使用者需要回过头去查阅被引用的法条。本书在引用性法条之下将被引用的法条列出，方便读者阅读。

在阅读顺序上，建议先仔细阅读法律条文的构成，对法条有初步的理解后，再阅读重点解读部分和请求权基础提示部分。如需就相关的问题作进一步理解和研究，可通过推荐阅读栏目所推荐的文献进行专题研究。请求权基础方法是一种找法的思维，读者若对公司法请求权基础有兴趣，可结合公司法相关案例进行学习。

由于本人能力有限，加之新公司法刚公布不久，对其理解和体会可能存在疏漏与错误，还请读者谅解。

祝您阅读愉快。

王真真

2024 年 2 月于上海

目　录

CONTENTS

第一章 总 则

第1条 立法宗旨

为了规范公司的组织和行为，保护公司、股东、职工和债权人的合法权益，完善中国特色现代企业制度，弘扬企业家精神，维护社会经济秩序，促进社会主义市场经济的发展，根据宪法，制定本法。

重点解读

本条是关于公司法的立法目的条款。公司是商业组织的一种，与合伙企业和个人独资企业等其他商事组织形式不同，公司制企业因其有限责任而成为最有吸引力的投资方式。但也正因为有限责任，产生了债权人保护问题。因而公司实际上是一个利益交汇的平台，公司法需要规范公司的行为，同时也要平衡公司、股东和债权人之间的利益关系。完善中国特色现代企业制度，弘扬企业家精神是本次修改新增内容，其来源是党的十九大报告。企业家精神并无明确的定义，从公司的产生历史上看，企业家精神是一种冒险精神。职工的利益保护也是此次修订的地方，因而本条将保护职工的权益作为立法目的之一。值得注意的是，公司法的立法目的条款尚未受到重视，其利益衡量、目的论解释等方面的作用尚待进一步挖掘，对此可参考民法学者关于立法目的的相关研究。

推荐阅读

陈甦:《中国特色现代企业制度的法律表达》，载《法治研究》2023年第3期；刘颖:《民法典中立法目的条款的表达与设计——兼评〈民法总则〉(送审稿)第1条》，载《东方法学》2017年第1期。

第2条 调整对象

本法所称公司，是指依照本法在中华人民共和国境内设立的有限责任公司和股份有限公司。

重点解读

本条是关于公司类型法定的内容。在我国，公司的组织形式可以分为有限责任公司和股份有限公司，除此之外的商业组织不得以公司的名义从事活动。法律往往为商业组织确立标准的治理结构，并且在一定程度上允许当事人通过合同等自治工具进行修正，但基于政府管制而形成的商业组织标准治理结构总是与当事人的自由选择之间存在张力，因而法律一方面要提供尽可能多的商业组织形态，另一方面要在商业组织结构中允许更多的“合同自由”。有限责任公司和股份有限公司的两种划分，大致对应着美国封闭公司和公众公司。

值得注意的是，基于税收优惠等政策考量，美国还存在“有限责任公司”（Limited Liability Company），这种商业组织形态采取的是类似合伙企业一人一票的治理模式，内部治理结构完全取决于经营协议（operating agreement）。

推荐阅读

王保树:《公司法律形态结构改革的走向》，载《中国法学》2012 年第 1 期；钱玉林:《我国〈公司法〉体系的重构——一种解释论的观点》，载《政治与法律》2021 年第 2 期；沈朝晖:《公司类型与公司法体系效益》，载《清华法学》2022 年第 2 期；刘斌:《公司类型的差序规制与重构要素》，载《当代法学》2021 年第 2 期；樊纪伟:《我国公司法定类型的反思及逻辑建构》，载《交大法学》2022 年第 1 期；Daniel S. Kleinberger，*Agency*，*Partnerships*，*and LLCs*，5th edition，Wolters Kluwer，2017。

第 3 条
公司界定及权益保护

❶公司是企业法人，有独立的法人财产，享有法人财产权。公司以其全部财产对公司的债务承担责任。

❷公司的合法权益受法律保护，不受侵犯。

重点解读

本条是关于公司财产独立和法人地位的规范。根据《民法典》的规定，作为民事主体，公司是营利法人，其目的在于通过营业赚取利润并可向股东进行分配，但在公司决定分配之前，财产属于公司。当然，所谓的有限责任是股东的有限责任，公司对外仍然是以其全部财产承担无限责任。公司的独立法人财产权，其意义与“资产分割理论”具有相似性，体现了公司法作为组织法与合同法等交易法的不同之处。通过公司法确立公司财产独立，将在股东个人的债权人和公司之间设置一道“屏障”，避免公司财产遭到股东个人债权人的追索。

推荐阅读

张永健:《资产分割理论下的法人与非法人组织〈民法总则〉欠缺的视角》，载《中外法学》2018年第1期；李清池:《商事组织的法律结构》，法律出版社2008年版，第72~180页；Henry Hansmann & Renier Kraakman，*The Essential Role of Organizational Law*，Yale Law Journal，Vol.110：387，p.387−440（2002）。

第4条 股东责任及权利

❶有限责任公司的股东以其认缴的出资额为限对公司承担责任；股份有限公司的股东以其认购的股份为限对公司承担责任。

❷公司股东对公司依法享有资产收益、参与重大决策和选择管理者等权利。

重点解读

本条是对股东责任限额和权利的规范。本条与第3条其实是一体两面，从股东的角度来阐释资产分割理论。股东有限责任，实际上是资产分割在公司债权人与股东之间设置的“屏障”。即公司债权人只能向公司追索，而不得越过公司直接向股东追索。无论是有限责任公司还是股份有限公司，股东承担的都是有限责任，对于股东来说，其风险的最大限额就是投资到公司中的财产，而不会影响到除此之外的其他个人或者家庭财产，除非存在权利滥用的情形。

股东投资公司的目的在于获取收益，因而对股东来说其享有从公司的经营利润中获取收益的权利，当然本条所描述的仅仅是一种期待权，并非具体的请求权。除了从公司中获取利润外，股东还享有表决权，通过参加股东会，决定公司的事务。在两权分离的公司中，股东还可以通过选举董事、监事来管理公司。

第 5 条
公司章程

设立公司应当依法制定公司章程。公司章程对公司、股东、董事、监事、高级管理人员具有约束力。

第 6 条
公司名称权

❶公司应当有自己的名称。公司名称应当符合国家有关规定。

❷公司的名称权受法律保护。

第 7 条
公司名称

❶依照本法设立的有限责任公司，应当在公司名称中标明有限责任公司或者有限公司字样。

❷依照本法设立的股份有限公司，应当在公司名称中标明股份有限公司或者股份公司字样。

第 8 条
公司住所

公司以其主要办事机构所在地为住所。

重点解读

本条是对公司住所的规定。公司住所类似于自然人的住所，对于确定相关法律文书送达和公司诉讼管辖而言具有重要意义。尤其是当公司作为原告且被告在外地，案件由被告住所地法院管辖时，法院需要通过公司住所地调取相关材料。因此《民事诉讼法》第 27 条规定，因公司设立、确认股东资格、分配利润、解散等纠纷提起的诉讼，由公司住所地人民法院管辖。本条规定公司的住所地为主要办事机构所在地。《最高人民法院关于适用〈中华人民共和国民事诉讼法〉的解释》(2022 修正)(以下简称《民事诉讼法解释》) 第 22 条进一步明确，“因股东名册记载、请求变更公司登记、股东知情权、公司决议、公司合并、公司分立、公司减资、公司增资等纠纷提起的诉讼，依照民事诉讼法第二十七条规定确定管辖。”值得注意的是，主要办事机构所在地与公司注册地、公司经营场所不是一回事，三者之间可能会发生不一致的情形。主要办事机构所在地是公司经营管理和业务活动的核心机构所在地。但在司法实践中，主要办事机构所在地的认定主要是一个事实问题，因为管理中心、营业中心与注册地可能会存在不一致的情形。部分法院则直接将公司注册地作为证明法人住所地最有效的证据。比如上海市高级人民法院《关于印发〈立案问题解答（二）〉的通知》（沪高法立〔2017〕5号）中就将注册地确立为法人住所地，以提高诉讼效率。

推荐阅读

李宇：《民法总则要义：规范释论与判解集注》，法律出版社2017年版，第163~167页；李政辉：《公司住所的功能、挑战与制度应对》，载《北方法学》2022年第2期。

第9条
经营范围

❶公司的经营范围由公司章程规定。公司可以修改公司章程，变更经营范围。

❷公司的经营范围中属于法律、行政法规规定须经批准的项目，应当依法经过批准。

第 10 条
法定代表人

❶公司的法定代表人按照公司章程的规定，由代表公司执行公司事务的董事或者经理担任。

❷担任法定代表人的董事或者经理辞任的，视为同时辞去法定代表人。

❸法定代表人辞任的，公司应当在法定代表人辞任之日起三十日内确定新的法定代表人。

重点解读

本条规定的是公司法定代表人及其辞任规则。法定代表人是将公司意思对外进行表示的机关，最终需要由自然人来担任。至于由何者担任，本条在特定范围内授权公司章程自行决定。按照本条规定，法定代表人由执行公司事务的董事或者经理担任。需要注意的是，这里的执行公司事务董事的含义已经不同于旧公司法执行董事的含义。旧法中执行董事是指公司不设董事会，只设一名执行董事的情形，而这里的执行公司事务董事是与非执行董事相区分的。本条第 2 款新增了担任法定代表人的董事或者经理辞任时，视为同时辞去法定代表人的规定。这里的“视为”，实为推定性拟制，其效果不同于法律推定，是不可以相反证据推翻的。这里的原因在于，担任法定代表人的前提是成为公司执行董事或者经理。当执行董事或者经理辞任时，这种情况下其被规范地期待同时具有辞去法定代表人的意思，因而法律直接拟制其也有辞去法定代表人职务的意思表示。法定代表人关乎公司的对外意思表达，为维护法人治理结构的完整性和法律关系稳定性，本条规定公司应当在法定代表人辞任后三十日内确定新的法定代表人。

推荐阅读

何建：《公司意思表示论》，法律出版社2019年版，第311~354页；杨代雄：《民法总论》，北京大学出版社2022年版，第195~198页。

第11条
法定代表人行为的法律后果

❶法定代表人以公司名义从事的民事活动，其法律后果由公司承受。
❷公司章程或者股东会对法定代表人职权的限制，不得对抗善意相对人。
❸法定代表人因执行职务造成他人损害的，由公司承担民事责任。公司承担民事责任后，依照法律或者公司章程的规定，可以向有过错的法定代表人追偿。

重点解读

本条是对法定代表人代表公司从事民事活动后果归属的规定。法定代表人作为法定的公司对外意思表示机构，其以公司名义从事的民事活动当然地归属于公司。公司内部虽可基于章程或者决议对法定代表人职权进行限制，但这种限制无法为外部的交易相对人所知悉，因而本条规定该限制不得对抗善意相对人。本条还明确了法定代表人侵权时由公司对外承担责任，以及公司的内部追偿。本条的修改与《民法典》第 61 条保持一致。本条与《公司法》第 15 条共同构成公司对外作出意思表示的行为规则。关于法定代表人越权所签订合同的效力，应结合《最高人民法院关于适用〈中华人民共和国民法典〉合同编通则若干问题的解释》第 20 条的规定判断。由于法定代表人是公司的代表机关，其职务行为的效果应当归属于公司，因而法定代表人对外造成他人损害的，对外也由公司承担民事责任。公司承担责任后可按照章程规定或者内部阅读向法定代表人追偿。

推荐阅读

朱广新:《法定代表人的越权代表行为》，载《中外法学》2012 年第 3 期；李宇:《民法总则要义：规范释论与判解集注》，法律出版社 2017 年版，第 154~160 页；吴越:《法定代表人越权担保行为效力再审——以民法总则第 61 条第三款为分析基点》，载《政法论坛》2017 年第 5 期；蔡立东:《论法定代表人的法律地位》，载《法学论坛》2017 年第 4 期；徐强胜:《公司治理结构中的法定代表人》，载《国家检察官学院学报》2023 年第 6 期；何建:《公司意思表示论》，法律出版社 2019 年版。

第 12 条
公司形式变更

❶有限责任公司变更为股份有限公司，应当符合本法规定的股份有限公司的条件。股份有限公司变更为有限责任公司，应当符合本法规定的有限责任公司的条件。

❷有限责任公司变更为股份有限公司的，或者股份有限公司变更为有限责任公司的，公司变更前的债权、债务由变更后的公司承继。

第 13 条
子公司与分公司

❶公司可以设立子公司。子公司具有法人资格，依法独立承担民事责任。

❷公司可以设立分公司。分公司不具有法人资格，其民事责任由公司承担。

重点解读

本条规定了子公司和分公司的法律地位。子公司属于法人，与母公司在法律上是两个独立的法律主体，在会计上应当依法独立建账和核算，当然根据《企业会计准则第 33 号——合并财务报表》，当母公司控制子公司的，二者应当纳入财务报表合并范围。分公司不能独立于公司而单独存在，其不属于独立的法人，其民事责任由公司承担。《民法典》第 102 条第 1 款规定，非法人组织是不具有法人资格，但是能够依法以自己的名义从事民事活动的组织。分公司是否属于

《民法典》第 102 条规定的非法人组织值得研究。若分公司属于民法意义上的非法人组织，则需进一步回答该非法人组织能否从事对外投资等行为。在理解时应注意，《民事诉讼法》第 51 条第 1 款还规定，公民、法人和其他组织可以作为民事诉讼的当事人。《民事诉讼法解释》第 52 条则进一步明确，非法人组织是指合法成立、有一定的组织机构和财产，但又不具备法人资格的组织，包括法人的分支机构、合伙企业等。总之，分公司属于《民事诉讼法》上的其他组织，但是否属于《民法典》中的非法人组织，值得进一步探究。

第 14 条
转投资

❶公司可以向其他企业投资。

❷法律规定公司不得成为对所投资企业的债务承担连带责任的出资人的，从其规定。

第 15 条
公司担保

❶公司向其他企业投资或者为他人提供担保，按照公司章程的规定，由董事会或者股东会决议；公司章程对投资或者担保的总额及单项投资或者担保的数额有限额规定的，不得超过规定的限额。

❷公司为公司股东或者实际控制人提供担保的，应当经股东会决议。

❸前款规定的股东或者受前款规定的实际控

制人支配的股东，不得参加前款规定事项的表决。该项表决由出席会议的其他股东所持表决权的过半数通过。

重点解读

本条是关于公司对外担保的特殊规则。公司担保属于在公司正常的经营中会发生的交易行为，与其他正常商业决策相比，一般没有本质区别，只需完成正常的内部决策流程即可。但是由于实践中出现了滥用公司担保损害公司利益的情况，尤其是公司为股东或者实际控制人提供担保时，构成特殊的关联交易，公司法需对其进行程序控制，从而确保交易公平，因而本条规定了公司担保的内部决策流程，这是本条的立法目的之所在。但应当注意的是，本条的规范目的并不在于解决担保合同效力，担保合同效力应结合民法相关规范进行判断。在理解时应当结合《最高人民法院关于适用〈中华人民共和国民法典〉有关担保制度的解释》《最高人民法院关于适用〈中华人民共和国民法典〉合同编通则若干问题的解释》的相关规范，注意区分公司内部治理规则与外部交易效力。

推荐阅读

罗培新:《公司担保法律规则的价值冲突与司法考量》，载《中外法学》2012 年第 6 期；梁上上:《公司担保合同的相对人审查义务》，载《法学》2013 年第 3 期；钱玉林:《寻找公司担保的裁判规范》，载《法学》2013 年第 3 期；何欢:《再议代表人越权对外担保的法律效力——基于公司担保法律规则的体系化解读》，载《交大法学》2015年第2期；邹海林：《公司代表越权担保的制度逻辑解析——以公司法第16条第1款为中心》，载《法学研究》2019年第5期；高圣平、范佳慧：《公司法定代表人越权担保效力判断的解释基础——基于最高人民法院裁判分歧的分析和展开》，载《比较法研究》2019年第1期；柯勇敏：《公司决议对外效力的原理及其强度谱系》，载梁慧星主编：《民商法论丛》（总第69卷），社会科学文献出版社2019年版。

第16条
职工权益保护与职业教育

❶公司应当保护职工的合法权益，依法与职工签订劳动合同，参加社会保险，加强劳动保护，实现安全生产。

❷公司应当采用多种形式，加强公司职工的职业教育和岗位培训，提高职工素质。

第17条
工会

❶公司职工依照《中华人民共和国工会法》组织工会，开展工会活动，维护职工合法权益。公司应当为本公司工会提供必要的活动条件。公司工会代表职工就职工的劳动报酬、工作时间、休息休假、劳动安全卫生和保险福利等事项依法与公司签订集体合同。

❷公司依照宪法和有关法律的规定，建立健全以职工代表大会为基本形式的民主管理制

度，通过职工代表大会或者其他形式，实行民主管理。

③公司研究决定改制、解散、申请破产以及经营方面的重大问题、制定重要的规章制度时，应当听取公司工会的意见，并通过职工代表大会或者其他形式听取职工的意见和建议。

第 18 条
党组织

在公司中，根据中国共产党章程的规定，设立中国共产党的组织，开展党的活动。公司应当为党组织的活动提供必要条件。

第 19 条
公司义务

公司从事经营活动，应当遵守法律法规，遵守社会公德、商业道德，诚实守信，接受政府和社会公众的监督。

第 20 条
社会责任

①公司从事经营活动，应当充分考虑公司职工、消费者等利益相关者的利益以及生态环境保护等社会公共利益，承担社会责任。

②国家鼓励公司参与社会公益活动，公布社会责任报告。

重点解读

本条是关于公司社会责任的规定。公司目的的理论正义由来已久，公司究竟为谁服务，基于不同的视角可能会给出不同的回答。在理解“股东利益至上”时，应注意到“利益相关者”理论以及近年来兴起的ESG运动对“股东利益至上”带来的挑战。

推荐阅读

蒋大兴:《公司社会责任如何成为“有牙的老虎”——董事会社会责任委员会之设计》，载《清华法学》2009年第4期；王保树:《公司社会责任对公司法理论的影响》，载《法学研究》2010年第3期；李建伟:《论公司社会责任的内涵界定与实现机制建构——以董事的信义义务为视角》，载《清华法学》2010年第2期；黄辉:《对公司法合同进路的反思》，载《法学》2017年第4期；施天涛:《〈公司法〉第5条的理想与现实：公司社会责任何以实施？》，载《清华法学》2019年第5期；朱慈蕴、吕成龙:《ESG的兴起与现代公司法的能动回应》，载《中外法学》2022年第5期；林少伟:《公司目的之演变与制度实现》载《法治研究》2023年第4期；Jill E. Fisch & Steven Davidoff Solomon，*Should Corporations Have a Purpose*? Texas Law Review，Vol.99：1309，p.1309-1346（2021）。

第 21 条
股东禁止权利滥用

①公司股东应当遵守法律、行政法规和公司章程，依法行使股东权利，不得滥用股东权利损害公司或者其他股东的利益。

②公司股东滥用股东权利给公司或者其他股东造成损失的，应当承担赔偿责任。

重点解读

本条是禁止股东权利滥用的规范。权利滥用从诚实信用原则发展而来，是诚信原则的进一步具体化。公司利益关系与传统的法律关系不同，权利滥用的场景复杂，有时甚至需要突破或者跨越不同的法律关系，对不同主体之间的利益进行权衡和取舍，从而妥当地适用法律。股东权利滥用的类型化及其规制是值得进一步研究的课题。本条第 1 款规定了行为规范，即股东不得滥用权利损害公司和其他股东利益，第 2 款则规定了滥用权利给公司或者其他股东造成损失的法律效果，即承担赔偿责任。在理解时应注意，当控股股东滥用权利，严重损害公司或者其他股东利益时，本条与第 89 条第 3 款可能同时适用，共同构成滥用股东权利时其他股东的请求权基础。

请求权基础提示：本条规定的请求权行使主体为公司和其他股东，与第 23 条规定的债权人请求权基础有所区别。

推荐阅读

梁上上:《论公司正义》，载《现代法学》2017 年第 1 期；彭诚信：

《论禁止权利滥用原则的法律适用》，载《中国法学》2018 年第 3 期；朱庆育：《中国民法总则的希尔伯特问题》，载《中外法学》2023 年第 2 期；潘子怡：《我国民法诚信原则的类型化适用》，载《法学》2023 年第 9 期。

第 22 条 规范关联交易

❶公司的控股股东、实际控制人、董事、监事、高级管理人员不得利用关联关系损害公司利益。

❷违反前款规定，给公司造成损失的，应当承担赔偿责任。

第 23 条 公司人格否认

❶公司股东滥用公司法人独立地位和股东有限责任，逃避债务，严重损害公司债权人利益的，应当对公司债务承担连带责任。

❷股东利用其控制的两个以上公司实施前款规定行为的，各公司应当对任一公司的债务承担连带责任。

❸只有一个股东的公司，股东不能证明公司财产独立于股东自己的财产的，应当对公司债务承担连带责任。

重点解读

本条规定了公司法人人格否认制度。该制度由域外的“刺破公司面纱”制度借鉴而来，实际上是股东权利滥用的一种类型。本次修订在纵向公司人格否认基础之上增加了横向公司人格否认制度，其来源是最高人民法院15号指导案例所确立的规则。在理解时应注意，公司人格否认是一种极其例外的规范，股东滥用权利的判断是核心及难点所在。《全国法院民商事审判工作会议纪要》将法人人格否认情形类型化为人格混同、过度支配与控制、资本显著不足，并列举了审查要素。但无论中外，这些列举要素的判断都是非常困难的，在实践中能否适用，需要法院综合判断。就此而言，人格否认的规范性质与勤勉义务规范一样，都是一种事后审查标准（standard）而非具体的规则（rule）。在诉讼程序中，滥用法人独立地位的构成要件如何证明，需要结合民事诉讼证明责任分配及证明责任标准进行分析。该条也将一人公司人格否认的举证责任倒置规则合并。

推荐阅读

石少侠:《公司人格否认制度的司法适用》，载《当代法学》2006年第5期；朱慈蕴:《公司法人格否认：从法条跃入实践》，载《清华法学》2007年第2期；黄辉:《中国公司法人格否认制度实证研究》，载《法学研究》2012年第1期；高旭军:《我国公司人格否认制度适用研究——以与德国比较为视角》，法律出版社2014年版，第211~283页；胡改蓉:《“资本显著不足”情形下公司法人格否认制度的适用》，载《法学评论》2015年第3期；朱慈蕴、梁泽宇:《“资本显著不足”的适用与研判：理论、实证与规则》，载《法学评论》2021年第3期；李建伟：《关联公司法人人格否认的实证研究》，载《法商研究》2021年第6期；梁上上：《公司正义——以公司股东的权责配置为视角展开》，法律出版社2022年版，第41~92页；石一峰：《关联公司人格否认动态判断体系的构建》，载《环球法律评论》2022年第3期；Franklin A. Gevurtz，*Corporation Law*，3rd edition，West Acadmic Publishing，2021，p.78−120。

第24条 会议召开及表决方式

公司股东会、董事会、监事会召开会议和表决可以采用电子通信方式，公司章程另有规定的除外。

第25条 公司决议无效

公司股东会、董事会的决议内容违反法律、行政法规的无效。

第26条 公司决议撤销

❶公司股东会、董事会的会议召集程序、表决方式违反法律、行政法规或者公司章程，或者决议内容违反公司章程的，股东自决议作出之日起六十日内，可以请求人民法院撤销。但是，股东会、董事会的会议召集程序

或者表决方式仅有轻微瑕疵，对决议未产生实质影响的除外。

❷未被通知参加股东会会议的股东自知道或者应当知道股东会决议作出之日起六十日内，可以请求人民法院撤销；自决议作出之日起一年内没有行使撤销权的，撤销权消灭。

重点解读

本条在公司决议可撤销的基础上，增加了决议瑕疵的裁量驳回制度。公司决议仅有轻微瑕疵的，一般不予撤销。为了维持决议效力的稳定性，该条明确了撤销权的行使期限最长为 1 年，该期限为除斥期间。

请求权基础提示：请求撤销公司决议的主体是股东、董事或者监事，请求权行使的条件是决议程序或者内容违反章程。若仅有召集程序上的轻微瑕疵，可构成撤销请求权的阻却事由。

推荐阅读

钱玉林:《股东大会决议瑕疵研究》，法律出版社 2005 年版，第 134~308 页；徐银波:《决议行为效力规则之构造》，载《法学研究》2015 年第 4 期；王湘淳:《股东会决议撤销诉讼：功能重校与规则再造》，载《法学论坛》2018 年第 1 期；南玉梅:《公司瑕疵决议诉讼中裁量驳回规则的建构与适用——兼评法释 [2017]16 号第 4 条》，载《法学评论》2018 年第 6 期；丁勇:《公司决议瑕疵立法的范式转换与体系重构》，载《法学研究》2020 年第 3 期。

第27条 公司决议不成立

有下列情形之一的，公司股东会、董事会的决议不成立：

（一）未召开股东会、董事会会议作出决议；

（二）股东会、董事会会议未对决议事项进行表决；

（三）出席会议的人数或者所持表决权数未达到本法或者公司章程规定的人数或者所持表决权数；

（四）同意决议事项的人数或者所持表决权数未达到本法或者公司章程规定的人数或者所持表决权数。

重点解读

本条增加了公司决议的不成立制度。由于实践中通过未召开会议、伪造签名等情形较为普遍，该种情形实际上并不存在有效的决议，因而决议不成立与决议无效和可撤销共同构成决议瑕疵制度。在理解时应当注意，决议不成立与可撤销的情形存在一定重叠之处，二者在程序瑕疵的场合可能只是严重程度上的区别。

推荐阅读

柯勇敏:《公司决议不成立的质疑与二分法的回归》，载《法律科学（西北政法大学学报）》2020年第5期。

第 28 条
决议无效、被撤销或不成立的法律后果

❶公司股东会、董事会决议被人民法院宣告无效、撤销或者确认不成立的，公司应当向公司登记机关申请撤销根据该决议已办理的登记。

❷股东会、董事会决议被人民法院宣告无效、撤销或者确认不成立的，公司根据该决议与善意相对人形成的民事法律关系不受影响。

重点解读

本条明确了决议瑕疵不影响与善意第三人所形成的外部法律关系。在理解时应注意，公司内部决议程序与外部交易行为的效力并无必然联系，外部交易行为的效力应从一般民法规范进行判断。

推荐阅读

柯勇敏:《公司决议对外效力的原理及其强度谱系》，载梁慧星主编:《民商法论丛》（总第 69 卷），社会科学文献出版社 2019 年版；叶林:《股东会决议无效的公司法解释》，载《法学研究》2020 年第 3 期；李建伟:《公司决议无效的类型化研究》，载《法学杂志》2022 年第 4 期。

第二章 公司登记

第 29 条
申请设立登记

❶设立公司，应当依法向公司登记机关申请设立登记。
❷法律、行政法规规定设立公司必须报经批准的，应当在公司登记前依法办理批准手续。

第 30 条
设立登记申请材料

❶申请设立公司，应当提交设立登记申请书、公司章程等文件，提交的相关材料应当真实、合法和有效。
❷申请材料不齐全或者不符合法定形式的，公司登记机关应当一次性告知需要补正的材料。

第 31 条
设立登记

申请设立公司，符合本法规定的设立条件的，由公司登记机关分别登记为有限责任公司或者股份有限公司；不符合本法规定的设立条件的，不得登记为有限责任公司或者股份有限公司。

第 32 条
登记事项

①公司登记事项包括：
（一）名称；
（二）住所；
（三）注册资本；
（四）经营范围；
（五）法定代表人的姓名；
（六）有限责任公司股东、股份有限公司发起人的姓名或者名称。
②公司登记机关应当将前款规定的公司登记事项通过国家企业信用信息公示系统向社会公示。

第 33 条
营业执照

①依法设立的公司，由公司登记机关发给公司营业执照。公司营业执照签发日期为公司成立日期。

②公司营业执照应当载明公司的名称、住所、注册资本、经营范围、法定代表人姓名等事项。

③公司登记机关可以发给电子营业执照。电子营业执照与纸质营业执照具有同等法律效力。

第 34 条
变更登记

①公司登记事项发生变更的，应当依法办理变更登记。

②公司登记事项未经登记或者未经变更登记，不得对抗善意相对人。

第 35 条
变更登记申请材料

①公司申请变更登记，应当向公司登记机关提交公司法定代表人签署的变更登记申请书、依法作出的变更决议或者决定等文件。

②公司变更登记事项涉及修改公司章程的，应当提交修改后的公司章程。

③公司变更法定代表人的，变更登记申请书由变更后的法定代表人签署。

第 36 条
营业执照变更及换发

公司营业执照记载的事项发生变更的，公司办理变更登记后，由公司登记机关换发营业执照。

第 37 条
注销登记

公司因解散、被宣告破产或者其他法定事由需要终止的，应当依法向公司登记机关申请注销登记，由公司登记机关公告公司终止。

第 38 条
分公司登记

公司设立分公司，应当向公司登记机关申请登记，领取营业执照。

第 39 条
虚假取得设立登记的法律后果

虚报注册资本、提交虚假材料或者采取其他欺诈手段隐瞒重要事实取得公司设立登记的，公司登记机关应当依照法律、行政法规的规定予以撤销。

第 40 条
公示事项

❶公司应当按照规定通过国家企业信用信息公示系统公示下列事项：

（一）有限责任公司股东认缴和实缴的出资额、出资方式和出资日期，股份有限公司发起人认购的股份数；

（二）有限责任公司股东、股份有限公司发起人的股权、股份变更信息；

（三）行政许可取得、变更、注销等信息；

（四）法律、行政法规规定的其他信息。

❷公司应当确保前款公示信息真实、准确、完整。

第 41 条
提升登记便利化

❶公司登记机关应当优化公司登记办理流程，提高公司登记效率，加强信息化建设，推行网上办理等便捷方式，提升公司登记便利化水平。

❷国务院市场监督管理部门根据本法和有关法律、行政法规的规定，制定公司登记注册的具体办法。

第三章　有限责任公司的设立和组织机构

第一节　设　　立

第 42 条
股东人数

有限责任公司由一个以上五十个以下股东出资设立。

第 43 条
设立协议

有限责任公司设立时的股东可以签订设立协议，明确各自在公司设立过程中的权利和义务。

重点解读

本条明确了有限责任公司股东在设立公司时可以通过协议明确设立中股东的权利义务，该协议的性质为多方法律行为。

推荐阅读

韩长印:《共同法律行为理论的初步构建——以公司设立为分析对象》,载《中国法学》2009年第3期;李宇:《民法总则要义:规范释论与判解集注》,法律出版社2017年版,第432~435页。

第44条

公司设立行为的法律后果

❶有限责任公司设立时的股东为设立公司从事的民事活动,其法律后果由公司承受。

❷公司未成立的,其法律后果由公司设立时的股东承受;设立时的股东为二人以上的,享有连带债权,承担连带债务。

❸设立时的股东为设立公司以自己的名义从事民事活动产生的民事责任,第三人有权选择请求公司或者公司设立时的股东承担。

❹设立时的股东因履行公司设立职责造成他人损害的,公司或者无过错的股东承担赔偿责任后,可以向有过错的股东追偿。

重点解读

本条规定了公司设立中一系列法律行为的效果及相应的法律责任承担。公司设立的结果有两种,公司要么成功设立,要么设立失败。本条第1款规定,为了设立公司而从事的民事活动,在公司成功设立后,其法律后果自动由公司承受,这里值得注意的是,其行为目的必须以设立公司为限。本条第 2 款规定了公司未成立时，由设立时股东承担责任，设立时股东为多人的，其相互之间为连带关系，其理论基础在于设立中的公司地位类似于合伙，设立时股东之间的关系自然类推适用合伙人之关系。本条第 3 款规定，当设立时的股东为了设立公司以自己名义从事民事活动时，第三人享有选择权，既可以请求公司承担责任，也可以请求设立时的股东承担责任，这里无须考虑公司是否具有认可该债务的意思。本条第 3 款的规定与《民法典》第 75 条第 2 款的规定保持一致。从域外的理论和实践来看，有的国家规定，合同相对人能否请求公司承担责任，在公司成立后需要考虑公司的意思，赋予公司相应的判断权，因为设立时的股东从事的行为并不一定都是为了设立公司的目的。由于公司的意思被排除，因此在解释和适用本条时，应紧扣“为了设立公司”这一要件进行审查，探究某一债务的产生是否为设立公司所必需，从而进一步判断其法律后果应否由公司承担。本条第 4 款规定了公司或者无过错的股东因设立时股东的侵权行为承担责任后的追偿权。

请求权基础提示：本条规定了设立中公司、第三人、发起人股东之间因设立公司而产生债务的请求权关系。

推荐阅读

胡晓静、殷艳梅:《论设立中公司的民事主体地位——以德国法为借鉴》，载《吉林大学社会科学学报》2013 年第 6 期；方斯远:《先公司合同问题研究》，载《中国法学》2015 年第 3 期；许中缘:《论发起人对公司设立中债务的承担》，载《法学》2021 年第 12 期；James D. Cox & Thomas Lee Hazen，*Treatise on the Law of Corporations*，3rd edition，Vol.1，Thomson Reuters，2010，p.260−268。

第 45 条 公司章程制定

设立有限责任公司，应当由股东共同制定公司章程。

重点解读

本条明确设立时的公司章程由全体股东共同制定，在理解时应注意其与后续章程修改时的差异。公司章程在修改时以资本多数决通过即可，无须一致同意，但当事人可以在章程中特别约定公司章程修改须经一致同意。

推荐阅读

朱慈蕴:《公司章程两分法论——公司章程自治与他治理念的融合》，载《当代法学》2006 年第 5 期；钱玉林:《公司章程“另有规定”检讨》，载《法学研究》2009 年第 2 期；吴飞飞:《论公司章程的决议属性及其效力认定规则》，载《法制与社会发展》2016 年第 1 期；伍坚:《缺省性公司法规则的构造——基于减少交易成本和代理成本的分析》，载《法学研究》2023 年第 5 期。

第 46 条 公司章程内容

❶有限责任公司章程应当载明下列事项：

（一）公司名称和住所；

（二）公司经营范围；

（三）公司注册资本；

（四）股东的姓名或者名称；
（五）股东的出资额、出资方式和出资日期；
（六）公司的机构及其产生办法、职权、议事规则；
（七）公司法定代表人的产生、变更办法；
（八）股东会认为需要规定的其他事项。
②股东应当在公司章程上签名或者盖章。

第 47 条
注册资本

①有限责任公司的注册资本为在公司登记机关登记的全体股东认缴的出资额。全体股东认缴的出资额由股东按照公司章程的规定自公司成立之日起五年内缴足。
②法律、行政法规以及国务院决定对有限责任公司注册资本实缴、注册资本最低限额、股东出资期限另有规定的，从其规定。

重点解读

本条明确了有限责任公司实行认缴登记制及认缴期限。为了解决认缴制的弊端，本条对认缴的最长期限做了限制，防止股东滥用期限利益损害他人合法权益。注意本条与附则第 266 条第 2 款规定的存量公司认缴期限超过五年时的调整规范的联系。

请求权基础提示：本条规定的五年缴纳期限届满股东未

缴纳的，公司有权请求股东缴纳；当公司不能清偿到期债务时，债权人也可请求股东在未缴纳的范围内承担责任。

推荐阅读

刘燕:《公司法资本制度改革的逻辑与路径——基于商业实践视角的观察》，载《法学研究》2014年第5期；蒋大兴:《质疑法定资本制之改革》，载《中国法学》2015年第6期；黄辉:《公司资本制度改革的正当性：基于债权人保护功能的法经济学分析》，载《中国法学》2015年第6期；丁勇:《认缴制后公司法资本规则的革新》，载《法学研究》2018年第2期；朱慈蕴:《股东出资义务的性质与公司资本制度完善》，载《清华法学》2022年第2期；朱慈蕴:《有限责任公司全面认缴制该何去何从？——兼评〈公司法（修订草案三审稿）〉第47条》，载《现代法学》2023年第6期；林一英:《公司注册资本认缴登记制的完善》，载《国家检察官学院学报》2023年第6期。

第48条 出资方式

❶股东可以用货币出资，也可以用实物、知识产权、土地使用权、股权、债权等可以用货币估价并可以依法转让的非货币财产作价出资；但是，法律、行政法规规定不得作为出资的财产除外。

❷对作为出资的非货币财产应当评估作价，核实财产，不得高估或者低估作价。法律、行政法规对评估作价有规定的，从其规定。

重点解读

本条明确了股权和债权可以作为出资的财产。应当注意的是，可以用货币评估并依法转让的财产范围是有限制的，如人力资源、商誉等不得作为出资形式。应当反思的是，公司法对非货币出资形式进行管制的目的为何？通常给出的理由是非货币出资存在评估难题，但评估难题是否是真的难题值得进一步思考。在域外，劳务、商誉等非货币出资形式为法律所许可。

推荐阅读

李友根:《人力资本出资问题研究》，中国人民大学出版社 2004 年版，第 226~262 页；梁上上:《人力资源出资的利益衡量与制度设计》，载《法学》2019 年第 3 期；刘斌:《股东出资形式的规制逻辑与规范重构》，载《法学杂志》2020 年第 10 期。

第 49 条
出资义务

❶股东应当按期足额缴纳公司章程规定的各自所认缴的出资额。

❷股东以货币出资的，应当将货币出资足额存入有限责任公司在银行开设的账户；以非货币财产出资的，应当依法办理其财产权的转移手续。

❸股东未按期足额缴纳出资的，除应当向公司足额缴纳外，还应当对给公司造成的损失承担赔偿责任。

第50条 设立时出资不足的连带责任

有限责任公司设立时，股东未按照公司章程规定实际缴纳出资，或者实际出资的非货币财产的实际价额显著低于所认缴的出资额的，设立时的其他股东与该股东在出资不足的范围内承担连带责任。

重点解读

本条规定了有限公司发起人的资本充实责任。发起人原本是负责促使公司成立的人，而本条的规定扩展了发起人的义务范围和责任，要求发起人就公司资本充实承担保证责任。按照本条的意旨，发起人未实际缴纳出资，或者非货币出资价额严重高估的，其他发起人应当在出资不足的范围内与该发起人承担连带责任。

请求权基础提示：本条规定的请求权主体是公司，当发起人转让其未届出资期限的股权时，可能会出现发起人同时也是转让人的情形，此时《公司法》第88条可能亦有适用的空间。

推荐阅读

周游：《驱散公司发起人连带责任制度的迷雾》，载《暨南学报（哲学社会科学版）》2013年第5期；周游：《公司发起人范围界定难题及其破解》，载《中国政法大学学报》2022年第5期；薛波：《论发起人转让出资未届期股权的规制路径——兼评〈公司法（修订草案）〉相关规定》，载《北方法学》2022年第2期；James D. Cox &

Thomas Lee Hazen，*Treatise on the Law of Corporations*，3rd edition，Vol.1，Thomson Reuters，2010，p.253-255。

第 51 条
董事会的核查、催缴义务

❶有限责任公司成立后，董事会应当对股东的出资情况进行核查，发现股东未按期足额缴纳公司章程规定的出资的，应当由公司向该股东发出书面催缴书，催缴出资。

❷未及时履行前款规定的义务，给公司造成损失的，负有责任的董事应当承担赔偿责任。

重点解读

本条规定了董事会对股东出资的监督义务。股东的出资义务既是约定的义务，也是股东对公司的法定负债，作为公司的经营管理者，董事会有义务确保公司债权的实现，因未履行义务给公司造成损失的，可能违反勤勉义务，应当对公司承担赔偿责任。最高人民法院（2018）最高法民再 366 号民事判决书对此也予以明确。

推荐阅读

邹学庚:《论董事对股东出资的监督义务——兼评“斯曼特”损害公司利益责任纠纷案》，载《甘肃政法大学学报》2022 年第 2 期；蒋大兴:《论出资义务加速到期的商业逻辑——股东 / 董事作为履行者与监督者责任之差异》，载《上海政法学院学报（法治论丛）》2022 年第 6 期。

第52条
股东失权

❶股东未按照公司章程规定的出资日期缴纳出资，公司依照前条第一款规定发出书面催缴书催缴出资的，可以载明缴纳出资的宽限期；宽限期自公司发出催缴书之日起，不得少于六十日。宽限期届满，股东仍未履行出资义务的，公司经董事会决议可以向该股东发出失权通知，通知应当以书面形式发出。自通知发出之日起，该股东丧失其未缴纳出资的股权。

❷依照前款规定丧失的股权应当依法转让，或者相应减少注册资本并注销该股权；六个月内未转让或者注销的，由公司其他股东按照其出资比例足额缴纳相应出资。

❸股东对失权有异议的，应当自接到失权通知之日起三十日内，向人民法院提起诉讼。

重点解读

本条规定了股东失权及其救济制度。股东未按期缴纳出资的，公司董事会应当向该股东发出催缴通知，要求股东在合理期限内缴纳出资。经过合理期限，股东仍不缴纳出资的，公司董事会可以作出决议，向该股东发出失权通知，自通知发出之日起，该股东将失去该部分未缴纳出资对应的股权。对于失权部分的股权，应当转让或者减资，或者由其他股东实缴。在理解本条时应注意其与《最高人民法院关于适用

〈中华人民共和国公司法〉若干问题的规定（三）》第17条规定的股东除名制度之间的区别与联系。比较法上，大陆法系的《德国有限责任公司法》第21条至第24条规定了股东欠缴出资时的失权程序，并且第25条规定失权的法律后果不能被免除。英美法系中，《特拉华州普通公司法》第164条规定了欠缴出资股份的处理办法，董事可以通过诉讼请求支付股款，或者将该股份公开出售获得价款，若无人购买，最后董事会可没收股份及该股东先前缴纳的出资。

推荐阅读

李建红、赵栋：《股东失权的制度价值及其对中国的借鉴意义》，载《政治与法律》2011年第12期；葛伟军：《从股东资格解除到股东失权的嬗变》，载《北京理工大学学报（社会科学版）》2022年第5期；于莹、申玮：《股东失权制度的法律构造》，载《吉林大学社会科学学报》2023年第6期；王东光：《股东失权制度研究》，载《法治研究》2023年第4期。

第53条
抽逃出资的法律责任

❶公司成立后，股东不得抽逃出资。

❷违反前款规定的，股东应当返还抽逃的出资；给公司造成损失的，负有责任的董事、监事、高级管理人员应当与该股东承担连带赔偿责任。

重点解读

本条规定了禁止抽逃出资制度和相应的法律责任。抽逃出资是基于类型思维形成的规范，而非一个精确的概念，其本质是公司财产不正当流向股东。抽逃出资制度与公司分配、减资和回购制度共同构成公司资本流出规范体系，处于资本制度规制的“后端”。值得思考的是，法律对不同的资本流出形式规定了不同的程序和法律效果，由于抽逃出资规范的抽象性，其可能与其他资本流出规范存在重合之处，在法律适用时如何区分判断可能是法律解释时需要注意的。

请求权基础提示：本条规定的请求权行使主体为公司，公司可向抽逃出资的股东主张返还。同时，如因抽逃出资给公司造成损失的，公司还可向负有责任的董事、监事和高级管理人员、抽逃出资的股东主张赔偿责任。

推荐阅读

刘燕:《重构“禁止抽逃出资”规则的公司法理基础》，载《中国法学》2015 年第 4 期；朱慈蕴、皮正德:《公司资本制度的后端改革与偿债能力测试的借鉴》，载《法学研究》2021 年第 1 期；王军:《抽逃出资规则及公司分配制度的系统性改造》，载《法学研究》2021 年第 5 期；王军:《公司资本制度》，北京大学出版社 2022 年版，第 339~406 页。

第 54 条 股东出资加速到期

公司不能清偿到期债务的，公司或者已到期债权的债权人有权要求已认缴出资但未届出资期限的股东提前缴纳出资。

重点解读

本条规定了股东出资“加速到期”制度。认缴制下股东原则上享有期限利益，但是如果公司存在流动性危机，公司本身可能难以继续经营，而对外也可能无法清偿债务，此时股东的出资期限利益应当受到限制。本条是由认缴制所衍生出来的制度。在理解时注意“不能清偿到期债务”的含义，对于债权人来说，必须是获得胜诉判决，且经过强制执行后仍无法满足债权。本条与《企业破产法》第 35 条规定的破产“加速到期”共同构成股东出资“加速到期”的法定情形。“提前缴纳出资”一般理解为只能向公司清偿。我们认为仍然存在多种解释，第一，“提前缴纳出资”是就公司与股东之间的投资关系而言的，而债权人并非该法律关系的主体，因而可以解释为债权人不受出资期限限制而直接接受清偿。第二，债权人请求权的法理基础为代位权，此时可参考民事诉讼中的强制管理制度，将债权人解释为公司财产的临时接管人。在《美国示范商事公司法》中，股东若未实际缴纳出资，其股份可能会受到诸多限制。比如这些股份可能由公司保管，只有当公司实际收到出资时才可将股份交给股东，公司还可以采取限制股份转让的形式确保公司实际缴纳出资。当然，更为激进的做法是采取实缴制，比如《纽约州商事公司法》中就规定公司实际收到股东出资前，不得向股东发行股份。

请求权基础提示： 本条规定了公司和债权人要求未届缴资期限的股东提前缴纳出资的请求权基础。需要注意的是，债权人只能请求股东提前缴纳出资，而不能要求股东直接向其清偿，采取的是“入库规则”，这与《民法典》第537条规定的代位权“直接清偿”存在差异。

推荐阅读

梁上上:《未出资股东对公司债权人的补充赔偿责任》，载《中外法学》2015年第3期；蒋大兴:《论股东出资义务之“加速到期”——认可“非破产加速”之功能价值》，载《社会科学》2019年第2期；钱玉林:《股东出资加速到期的理论证成》，载《法学研究》2020年第6期；徐强胜:《公司关系视角下认缴资本制的修正》，载《法治研究》2022年第5期；林一英:《公司注册资本认缴登记制的完善》，载《国家检察官学院学报》2023年第6期。

第55条
出资证明书

❶有限责任公司成立后，应当向股东签发出资证明书，记载下列事项：

（一）公司名称；

（二）公司成立日期；

（三）公司注册资本；

（四）股东的姓名或者名称、认缴和实缴的出资额、出资方式和出资日期；

（五）出资证明书的编号和核发日期。

❷出资证明书由法定代表人签名，并由公司盖章。

第 56 条
股东名册

❶有限责任公司应当置备股东名册，记载下列事项：

（一）股东的姓名或者名称及住所；

（二）股东认缴和实缴的出资额、出资方式和出资日期；

（三）出资证明书编号；

（四）取得和丧失股东资格的日期。

❷记载于股东名册的股东，可以依股东名册主张行使股东权利。

第 57 条
股东查阅、复制权

❶股东有权查阅、复制公司章程、股东名册、股东会会议记录、董事会会议决议、监事会会议决议和财务会计报告。

❷股东可以要求查阅公司会计账簿、会计凭证。股东要求查阅公司会计账簿、会计凭证的，应当向公司提出书面请求，说明目的。公司有合理根据认为股东查阅会计账簿、会计凭证有不正当目的，可能损害公司合法利益的，可以拒绝提供查阅，并应当自股东提出书面请求之日起十五日内书面答复股东并说明理由。公司拒绝提供查阅的，股东可以向人民法院提起诉讼。

③股东查阅前款规定的材料，可以委托会计师事务所、律师事务所等中介机构进行。

④股东及其委托的会计师事务所、律师事务所等中介机构查阅、复制有关材料，应当遵守有关保护国家秘密、商业秘密、个人隐私、个人信息等法律、行政法规的规定。

⑤股东要求查阅、复制公司全资子公司相关材料的，适用前四款的规定。

重点解读

本条是关于股东查阅权的规定。在原有规范的基础上，本条增加了查阅会计凭证的规定，并且明确了可以通过中介机构行使查阅权，以及遵守相应的保密义务。根据《公司法》第216条及《会计法》第14条、第15条的规定，会计凭证和会计账簿是不同的概念，因会计凭证中的原始凭证涉及公司商业秘密等，原《公司法》仅允许查阅会计账簿，不允许查阅会计凭证。为了扩大股东的查阅范围，使股东更了解公司的真实经营状况，此次修订允许股东查阅原始凭证。在理解时应注意，与合伙企业中合伙人的查阅权相比（《合伙企业法》第28条第2款），有限公司股东的查阅权比合伙人的查阅权要大，合伙人的查阅权不包括查阅原始凭证的权利。为了与双重派生诉讼制度协调，本条规定了股东可以查阅公司全资子公司的相关材料。

请求权基础提示：股东在行使查阅权时，应当向公司提出书面请求，公司可以股东具有不正当目的、可能损害公司利益进行抗辩，公司拒绝提供查阅的，股东可以据此向法院起诉。

推荐阅读

李建伟：《股东知情权诉讼研究》，载《中国法学》2013 年第 2 期；王建文：《论我国股东知情权穿越的制度构造》，载《法律科学（西北政法大学学报）》2019 年第 4 期；李建伟：《股东知情权边界的利益衡量》，载《暨南学报（哲学社会科学版）》2022 年第 6 期；黄辉：《〈公司法〉修订背景下的股东知情权制度检讨：比较与实证的视角》，载《比较法研究》2023 年第 3 期。

第二节　组织机构

第 58 条
股东会的组成及地位

有限责任公司股东会由全体股东组成。股东会是公司的权力机构，依照本法行使职权。

第 59 条
股东会职权

❶股东会行使下列职权：

（一）选举和更换董事、监事，决定有关董事、监事的报酬事项；

（二）审议批准董事会的报告；

（三）审议批准监事会的报告；

（四）审议批准公司的利润分配方案和弥补

亏损方案；

（五）对公司增加或者减少注册资本作出决议；

（六）对发行公司债券作出决议；

（七）对公司合并、分立、解散、清算或者变更公司形式作出决议；

（八）修改公司章程；

（九）公司章程规定的其他职权。

❷股东会可以授权董事会对发行公司债券作出决议。

❸对本条第一款所列事项股东以书面形式一致表示同意的，可以不召开股东会会议，直接作出决定，并由全体股东在决定文件上签名或者盖章。

重点解读

本条规定的是股东会的职权及会议方式。本条删除了原《公司法》规定的股东会决定公司的经营方针和投资计划的权力，以及审议批准公司的年度财务预算方案、决算方案的权力。同时，本条还规定了股东会可授权董事会发行公司债券。从所有权和经营权相分离的原理看，这些权力本属公司的经营管理权，由董事会行使更符合商事实践和商业经营的规律，因而不宜归属于股东会。

推荐阅读

汤欣:《论公司法的性格——强行法抑或任意法?》,载《中国法学》2001 年第 1 期;郭锐:《商事组织法中的强制性和任意性规范——以董事会制度为例》,载《环球法律评论》2016 年第 2 期;许可:《股东会与董事会分权制度研究》,载《中国法学》2017 年第 2 期;周游:《公司法上的两权分离之反思》,载《中国法学》2017 年第 4 期;梁上上:《公司权力的归属》,载《政法论坛》2021 年第 5 期;潘林:《论公司机关决策权力的配置》,载《中国法学》2022 年第 1 期;Stephen M. Bainbridge,*Directory Primacy and Shareholder Disempowerment*,Harvard Law Review,Vol.119:1735,p.1735-1758(2006);Lucian Bebchuk,*The Case for Increasing Shareholder Power*,Harvard Law Review,Vol.118:833,p.833-914(2005)。

第 60 条 一人公司的股东决议

只有一个股东的有限责任公司不设股东会。股东作出前条第一款所列事项的决定时,应当采用书面形式,并由股东签名或者盖章后置备于公司。

第 61 条 首次股东会会议

首次股东会会议由出资最多的股东召集和主持,依照本法规定行使职权。

第 62 条
定期会议和临时会议

❶股东会会议分为定期会议和临时会议。

❷定期会议应当按照公司章程的规定按时召开。代表十分之一以上表决权的股东、三分之一以上的董事或者监事会提议召开临时会议的，应当召开临时会议。

第 63 条
股东会会议的召集与主持

❶股东会会议由董事会召集，董事长主持；董事长不能履行职务或者不履行职务的，由副董事长主持；副董事长不能履行职务或者不履行职务的，由过半数的董事共同推举一名董事主持。

❷董事会不能履行或者不履行召集股东会会议职责的，由监事会召集和主持；监事会不召集和主持的，代表十分之一以上表决权的股东可以自行召集和主持。

第 64 条
股东会会议的通知与记录

❶召开股东会会议，应当于会议召开十五日前通知全体股东；但是，公司章程另有规定或者全体股东另有约定的除外。

❷股东会应当对所议事项的决定作成会议记录，出席会议的股东应当在会议记录上签名或者盖章。

第 65 条
股东的表决权

股东会会议由股东按照出资比例行使表决权；但是，公司章程另有规定的除外。

第 66 条
股东会的议事方式和表决程序

❶股东会的议事方式和表决程序，除本法有规定的外，由公司章程规定。

❷股东会作出决议，应当经代表过半数表决权的股东通过。

❸股东会作出修改公司章程、增加或者减少注册资本的决议，以及公司合并、分立、解散或者变更公司形式的决议，应当经代表三分之二以上表决权的股东通过。

第 67 条

董事会职权

❶有限责任公司设董事会，本法第七十五条另有规定的除外。

❷董事会行使下列职权：

（一）召集股东会会议，并向股东会报告工作；

（二）执行股东会的决议；

（三）决定公司的经营计划和投资方案；

（四）制订公司的利润分配方案和弥补亏损方案；

（五）制订公司增加或者减少注册资本以及发行公司债券的方案；

（六）制订公司合并、分立、解散或者变更公司形式的方案；

（七）决定公司内部管理机构的设置；

（八）决定聘任或者解聘公司经理及其报酬事项，并根据经理的提名决定聘任或者解聘公司副经理、财务负责人及其报酬事项；

（九）制定公司的基本管理制度；

（十）公司章程规定或者股东会授予的其他职权。

❸公司章程对董事会职权的限制不得对抗善意相对人。

交叉引用

第 75 条　规模较小或者股东人数较少的有限责任公司，可以不设董事会，设一名董事，行使本法规定的董事会的职权。该董事可以兼任公司经理。

第 68 条
董事会的组成

❶有限责任公司董事会成员为三人以上，其成员中可以有公司职工代表。职工人数三百人以上的有限责任公司，除依法设监事会并有公司职工代表的外，其董事会成员中应当有公司职工代表。董事会中的职工代表由公司职工通过职工代表大会、职工大会或者其他形式民主选举产生。

❷董事会设董事长一人，可以设副董事长。董事长、副董事长的产生办法由公司章程规定。

第 69 条
审计委员会

有限责任公司可以按照公司章程的规定在董事会中设置由董事组成的审计委员会，行使本法规定的监事会的职权，不设监事会或者监事。公司董事会成员中的职工代表可以成为审计委员会成员。

重点解读

本条明确了公司治理中监督机构可选择设置的规定。监事会作为监督机构，对公司经营进行监督，被称为二元制结构。由于监事会的主要任务是对公司财务的监督，而这在一定程度上与董事会审计委员会的功能是一致的，在英美法系公司中多采取一元制的治理模式，即只设董事会，不设监事会。因而本条允许公司自行选择采取一元制或二元制模式，具体可由公司章程规定。在理解时要注意本条与第 83 条不设监事会公司的区别。

推荐阅读

朱慈蕴等:《公司内部监督机制——不同模式在变革与交融中演进》，法律出版社 2007 年版；郭雳:《中国式监事会：安于何处，去向何方？——国际比较视野下的再审思》，载《比较法研究》2016 年第 2 期；季奎明:《中国式公司内部监督机制的重构》，载《西南民族大学学报（人文社会科学版）》2020 年第 4 期；赵旭东:《中国公司治理制度的困境与出路》，载《现代法学》2021 年第 2 期；刘斌:《公司治理中监督力量的再造与展开》，载《国家检察官学院学报》2022 年第 2 期；杨大可:《审计委员会能替代监事会吗？——兼论公司内部监督机构的应然职责》，载《中国政法大学学报》2022 年第 5 期。

第 70 条 董事任期及辞任

❶董事任期由公司章程规定，但每届任期不得超过三年。董事任期届满，连选可以连任。

❷董事任期届满未及时改选，或者董事在任

期内辞任导致董事会成员低于法定人数的，在改选出的董事就任前，原董事仍应当依照法律、行政法规和公司章程的规定，履行董事职务。

❸董事辞任的，应当以书面形式通知公司，公司收到通知之日辞任生效，但存在前款规定情形的，董事应当继续履行职务。

第 71 条
董事的解任

❶股东会可以决议解任董事，决议作出之日解任生效。

❷无正当理由，在任期届满前解任董事的，该董事可以要求公司予以赔偿。

重点解读

本条规定了股东会可以无理由解任董事职务，这属于公司的商业判断。需要注意的是，在任期届满前无正当理由解任董事的，公司可能面临赔偿责任。

请求权基础提示：本条规定了公司无过错解任董事职务时，董事可以要求公司赔偿的请求权基础。

第 72 条
董事会会议的召集与主持

董事会会议由董事长召集和主持；董事长不能履行职务或者不履行职务的，由副董事长召集和主持；副董事长不能履行职务或者不履行职务的，由过半数的董事共同推举一名董事召集和主持。

第 73 条
董事会的议事方式和表决程序

❶董事会的议事方式和表决程序，除本法有规定的外，由公司章程规定。

❷董事会会议应当有过半数的董事出席方可举行。董事会作出决议，应当经全体董事的过半数通过。

❸董事会决议的表决，应当一人一票。

❹董事会应当对所议事项的决定作成会议记录，出席会议的董事应当在会议记录上签名。

重点解读

本条明确了董事会决议时的最低出席人数以及作出有效决议的最低比例。在理解时应当注意，董事会法定的最低出席人数是全体董事的过半数，公司章程可以作出更高比例的要求。而董事会决议通过是以全体董事过半数而非出席董事的过半数。本条有两个问题值得思考：第一，章程或者协议是否可以规定董事会只有在特定董事出席时方可举行？第二，本条第 3 款规定董事会的表决实行一人一票，是否可以赋予某个特定董事一票否决权？从董事应当为公司和全体股东利益而服务的角度出发，赋予特定董事一票否决权可能会使得董事仅为特定股东利益服务，应当给予否定性评价。

第 74 条 经理的设立与职权

❶有限责任公司可以设经理，由董事会决定聘任或者解聘。

❷经理对董事会负责，根据公司章程的规定或者董事会的授权行使职权。经理列席董事会会议。

重点解读

本条规定了公司经理的设置。在理解本条时应注意其与民法中经理权的差异。公司法中经理制度主要解决的是公司内部治理事项及其权力分配问题，而经理的对外代表权效力则由民法相关制度确定。经理权是商事代理的一种，经理人主要任务是代理商人从事营业行为。经理权的取得是通过意定方式授予的，但在域外，基于交易安全考量，经理权应当登记，且经理权的内容是法定的，对经理权的限制不得对抗善意相对人。

推荐阅读

王保树、钱玉林:《经理法律地位之比较研究》，载《法学评论》2002年第2期；赵旭东:《再思公司经理的法律定位与制度设计》，载《法律科学（西北政法大学学报）》2021年第3期；胡晓静:《论我国公司经理的法律地位——基于德国经理人制度的思考》，载《吉林大学社会科学学报》2023年第6期。

第75条 不设董事会的情形

规模较小或者股东人数较少的有限责任公司，可以不设董事会，设一名董事，行使本法规定的董事会的职权。该董事可以兼任公司经理。

第76条 监事会的设立与组成

❶有限责任公司设监事会，本法第六十九条、第八十三条另有规定的除外。

❷监事会成员为三人以上。监事会成员应当包括股东代表和适当比例的公司职工代表，其中职工代表的比例不得低于三分之一，具体比例由公司章程规定。监事会中的职工代表由公司职工通过职工代表大会、职工大会或者其他形式民主选举产生。

❸监事会设主席一人，由全体监事过半数选举产生。监事会主席召集和主持监事会会议；监事会主席不能履行职务或者不履行职务

的，由过半数的监事共同推举一名监事召集和主持监事会会议。

④董事、高级管理人员不得兼任监事。

交叉引用

第 69 条 有限责任公司可以按照公司章程的规定在董事会中设置由董事组成的审计委员会，行使本法规定的监事会的职权，不设监事会或者监事。公司董事会成员中的职工代表可以成为审计委员会成员。

第 83 条 规模较小或者股东人数较少的有限责任公司，可以不设监事会，设一名监事，行使本法规定的监事会的职权；经全体股东一致同意，也可以不设监事。

第 77 条
监事的任期

①监事的任期每届为三年。监事任期届满，连选可以连任。

②监事任期届满未及时改选，或者监事在任期内辞任导致监事会成员低于法定人数的，在改选出的监事就任前，原监事仍应当依照法律、行政法规和公司章程的规定，履行监事职务。

第 78 条
监事会职权

监事会行使下列职权：
（一）检查公司财务；
（二）对董事、高级管理人员执行职务的行为进行监督，对违反法律、行政法规、公司章程或者股东会决议的董事、高级管理人员提出解任的建议；
（三）当董事、高级管理人员的行为损害公司的利益时，要求董事、高级管理人员予以纠正；
（四）提议召开临时股东会会议，在董事会不履行本法规定的召集和主持股东会会议职责时召集和主持股东会会议；
（五）向股东会会议提出提案；
（六）依照本法第一百八十九条的规定，对董事、高级管理人员提起诉讼；
（七）公司章程规定的其他职权。

第 79 条
监事的质询权及监事会的调查权

❶监事可以列席董事会会议，并对董事会决议事项提出质询或者建议。
❷监事会发现公司经营情况异常，可以进行调查；必要时，可以聘请会计师事务所等协助其工作，费用由公司承担。

第 80 条
董事、高管人员对监事会的义务

❶监事会可以要求董事、高级管理人员提交执行职务的报告。

❷董事、高级管理人员应当如实向监事会提供有关情况和资料，不得妨碍监事会或者监事行使职权。

第 81 条
监事会的会议制度

❶监事会每年度至少召开一次会议，监事可以提议召开临时监事会会议。

❷监事会的议事方式和表决程序，除本法有规定的外，由公司章程规定。

❸监事会决议应当经全体监事的过半数通过。

❹监事会决议的表决，应当一人一票。

❺监事会应当对所议事项的决定作成会议记录，出席会议的监事应当在会议记录上签名。

第 82 条
费用承担

监事会行使职权所必需的费用，由公司承担。

第 83 条 不设监事会及监事的情形

规模较小或者股东人数较少的有限责任公司，可以不设监事会，设一名监事，行使本法规定的监事会的职权；经全体股东一致同意，也可以不设监事。

重点解读

本条规定了公司可不设置监事会的情形。本条规定公司不设监事会的情形分为法定和意定，法定情形包括规模较小、股东人数较。而意定的情形则是全体股东一致同意。在理解时注意本条与第 69 条审计委员会设置公司的区别。

第四章　有限责任公司的股权转让

第 84 条
股权转让

❶有限责任公司的股东之间可以相互转让其全部或者部分股权。

❷股东向股东以外的人转让股权的，应当将股权转让的数量、价格、支付方式和期限等事项书面通知其他股东，其他股东在同等条件下有优先购买权。股东自接到书面通知之日起三十日内未答复的，视为放弃优先购买权。两个以上股东行使优先购买权的，协商确定各自的购买比例；协商不成的，按照转让时各自的出资比例行使优先购买权。

❸公司章程对股权转让另有规定的，从其规定。

重点解读

在资合公司中，股权作为财产权应当以自由转让为原则。

但传统理论和立法者认为有限公司具有人合性，因而需要立法限制股权对外转让以维护这种人合性。本条修改时删除了其他股东的同意权，只赋予其他股东优先购买权，这种修改具有合理性，同意权和优先购买权都是维护人合性的方式，在功能上有重合之处。优先购买权的行使需以同等条件为前提，并且要在法定期限内行使。值得注意的是，我国的优先购买权与其他国家在规制方式上有本质区别。本条确立的优先购买权是“选出式”规范，即只要章程或者协议没有另外规定，优先购买权就是法定的；而在德国与美国，如果章程或者股东协议没有特别约定优先购买权，其他股东并不享有优先购买权。

推荐阅读

吴建斌:《上海外滩“地王”案的二维解析》，载《法学》2013年第7期；彭冰:《股东优先购买权与间接收购的利益衡量——上海外滩地王案分析》，载《清华法学》2016年第1期；钱玉林:《股权转让行为的属性及其规范》，载《中国法学》2021年第1期；赵磊:《股东优先购买权的性质与效力——兼评〈公司法司法解释四〉第20条》，载《法学家》2021年第1期；梁上上:《人合性在有限公司中的终结》，载《中国社会科学》2022年第11期；梁上上:《有限公司股权对外转让的自由与限制——以利益位阶理论为视角展开》，载《清华法学》2022年第2期。

第 85 条
优先购买权

人民法院依照法律规定的强制执行程序转让股东的股权时，应当通知公司及全体股东，其他股东在同等条件下有优先购买权。其他股东自人民法院通知之日起满二十日不行使优先购买权的，视为放弃优先购买权。

第 86 条
股权转让的变更登记

❶股东转让股权的，应当书面通知公司，请求变更股东名册；需要办理变更登记的，并请求公司向公司登记机关办理变更登记。公司拒绝或者在合理期限内不予答复的，转让人、受让人可以依法向人民法院提起诉讼。

❷股权转让的，受让人自记载于股东名册时起可以向公司主张行使股东权利。

重点解读

本条规定了股东转让股权时对公司的通知义务。股东权利的行使对象是公司，因而股权发生变动时应当通知公司，请求公司变更股东名册，需要办理变更登记时，股东有权请求公司申请变更登记。当股东的前述请求权遭到公司明确拒绝或者公司在合理期限不予答复的，转让人和受让人可以公司为被告向法院提起诉讼。本条第 2 款明确了股权变动的时间点为记载于股东名册时，从而结束了股权变动生效时间的纷争。

请求权基础提示：本条规定了股权转让后，受让股东向公司行使股东权利的请求权基础，需要注意的是，受让股东行使股东权利须以记载于股东名册为前提。

推荐阅读

赵旭东、邹学庚:《股权变动模式的比较研究与中国方案》，载《法律适用》2021 年第 7 期；张双根:《论股权让与的意思主义构成》，载《中外法学》2019 年第 6 期；葛伟军:《实际股东的学理解释及主要类型》，载《法学》2023 年第 2 期。

第 87 条
股权转让的变更记载

依照本法转让股权后，公司应当及时注销原股东的出资证明书，向新股东签发出资证明书，并相应修改公司章程和股东名册中有关股东及其出资额的记载。对公司章程的该项修改不需再由股东会表决。

第 88 条
转让未届出资期限或瑕疵出资股权的责任承担

❶股东转让已认缴出资但未届出资期限的股权的，由受让人承担缴纳该出资的义务；受让人未按期足额缴纳出资的，转让人对受让人未按期缴纳的出资承担补充责任。

❷未按照公司章程规定的出资日期缴纳出资或者作为出资的非货币财产的实际价额显著

低于所认缴的出资额的股东转让股权的，转让人与受让人在出资不足的范围内承担连带责任；受让人不知道且不应当知道存在上述情形的，由转让人承担责任。

重点解读

本条规定了未届缴资期限股权转让后的出资缴纳义务问题。股权转让可以类推债权债务的概括转让，受让人在继受股权时，也同意承担股权上所负载的义务。且转让人转让股权时，受让人对于股东出资期限未到期的事实一般是知情或者应当知情的，在知情的情况下，应当认为受让人对此表示同意，因而本条规定了原则上由受让人承担缴纳出资义务。但是现实中可能存在的情形是，转让人将股权转让给不具备缴纳能力的受让人，此时转让人存在逃避债务的嫌疑，如果只能允许公司向受让人主张缴纳出资义务，可能并不公允，因而本条第 1 款后半句规定在这种情况下由转让人承担补充责任。应当注意的是，补充责任具有顺位性和范围上的限制性。值得进一步探讨的是，股权经过多手转让后，存在多个“前手”时，如何认定“前手”的责任，以及“前手”承担责任后是取得债权还是股权？这些问题有待从解释上予以明确。

本条第 2 款规定了非货币出资明显低于实际价值的情形下的责任承担问题。由于非货币出资需要经过中介机构评估，基于对评估价值的信赖，受让人对此往往并不知情。因而本条规定受让人在知情的情况下与转让股东承担连带责任。

推荐阅读

陈甦:《股权受让人出资责任的规则建构分析》，载《环球法律评论》2023 年第 3 期；陈彦晶:《论股权转让出让人的瑕疵担保责任》，载《法商研究》2023 年第 6 期。

第 89 条 异议股东股权收购请求权

❶有下列情形之一的，对股东会该项决议投反对票的股东可以请求公司按照合理的价格收购其股权：

（一）公司连续五年不向股东分配利润，而公司该五年连续盈利，并且符合本法规定的分配利润条件；

（二）公司合并、分立、转让主要财产；

（三）公司章程规定的营业期限届满或者章程规定的其他解散事由出现，股东会通过决议修改章程使公司存续。

❷自股东会决议作出之日起六十日内，股东与公司不能达成股权收购协议的，股东可以自股东会决议作出之日起九十日内向人民法院提起诉讼。

❸公司的控股股东滥用股东权利，严重损害公司或者其他股东利益的，其他股东有权请求公司按照合理的价格收购其股权。

❹公司因本条第一款、第三款规定的情形收购的本公司股权，应当在六个月内依法转让

或者注销。

重点解读

本条规定了有限公司股东的异议回购请求权。由于有限公司股权缺乏公开的转让市场，且存在股权价值评估难题，在股东权益受到侵害时，难以通过“用脚投票”的方式退出公司，因而本条第 1 款规定在特定情形中，投反对票的股东可以请求公司收购其股权从而实现退出。从公司的角度来看，符合条件的股东提出收购请求时，公司负有缔约的义务，如公司不收购或者因价格无法达成协议的，股东可请求法院确定合理的价格。在理解第 1 款时应注意，此款只是异议股东可以请求回购的例示性规定，是不完全列举，根据法律解释方法，不完全列举的法条因其不具有封闭性而不得采取反对解释。如果将本条解释为请求权只能由异议股东行使，在公司约定了全体股东一致同意或者小股东否决权条款时，异议股东不行使请求权时可能会导致公司僵局。

本条第 3 款新增了控股股东滥用权利严重损害公司或者其他股东利益时，其他股东可请求公司收购其股权。该款是禁止权利滥用原则在公司法中的具体规范，因控股股东可以利用表决权优势，因而法律赋予其不得滥用权利的义务。在法律效果上，其他股东可以请求公司收购股权而退出公司。在理解该条时应注意其与《公司法》第 21 条赔偿责任的关系。注意该款规定的请求权行使对象是公司。在对该款进行解释时应注意，第 3 款规定的主要目的是规制控股股东的权利滥用行为，对于实践中存在的小股东滥用权利之情形，可通过第 21 条的适用解决。

推荐阅读

彭冰:《理解有限公司中的股东压迫问题——最高人民法院指导案例 10 号评析》，载《北大法律评论》编辑委员会编:《北大法律评论》(第 15 卷 · 第 1 辑)，北京大学出版社 2014 年版；谭津龙:《公司法体系中的异议股东评估权制度》，法律出版社 2015 年版；赵旭东:《公司治理中的控股股东及其法律规制》，载《法学研究》2020 年第 4 期；邹学庚:《控股股东信义义务的理论反思与类型化》，载《比较法研究》2023 年第 4 期；Hetherington & Michael Dolley，*Illiquidity and Exploitation*：*A Proposed Statutory Solution to the Remaining Close Corporation Problem*，Virginia Law Review，Vol.63：1，p.1-75（1977）；Robert B. Thompson，*The Shareholder's Cause of Action for Oppression*，Business Lawyer，Vol.48：699，p.699-745（1993）。

第 90 条
股东资格的继承

自然人股东死亡后，其合法继承人可以继承股东资格；但是，公司章程另有规定的除外。

第五章　股份有限公司的设立和组织机构

第一节　设　　立

第 91 条
股份有限公司的设立方式

①设立股份有限公司，可以采取发起设立或者募集设立的方式。
②发起设立，是指由发起人认购设立公司时应发行的全部股份而设立公司。
③募集设立，是指由发起人认购设立公司时应发行股份的一部分，其余股份向特定对象募集或者向社会公开募集而设立公司。

第 92 条
发起人的限制

设立股份有限公司，应当有一人以上二百人以下为发起人，其中应当有半数以上的发起人在中华人民共和国境内有住所。

第 93 条
发起人的义务

❶股份有限公司发起人承担公司筹办事务。
❷发起人应当签订发起人协议，明确各自在公司设立过程中的权利和义务。

第 94 条
公司章程制定

设立股份有限公司，应当由发起人共同制订公司章程。

第 95 条
公司章程内容

股份有限公司章程应当载明下列事项：
（一）公司名称和住所；
（二）公司经营范围；
（三）公司设立方式；
（四）公司注册资本、已发行的股份数和设立时发行的股份数，面额股的每股金额；
（五）发行类别股的，每一类别股的股份数及其权利和义务；
（六）发起人的姓名或者名称、认购的股份数、出资方式；
（七）董事会的组成、职权和议事规则；
（八）公司法定代表人的产生、变更办法；

（九）监事会的组成、职权和议事规则；
（十）公司利润分配办法；
（十一）公司的解散事由与清算办法；
（十二）公司的通知和公告办法；
（十三）股东会认为需要规定的其他事项。

第 96 条
注册资本

❶股份有限公司的注册资本为在公司登记机关登记的已发行股份的股本总额。在发起人认购的股份缴足前，不得向他人募集股份。

❷法律、行政法规以及国务院决定对股份有限公司注册资本最低限额另有规定的，从其规定。

重点解读

股份公司的设立可以采取发起设立和募集设立两种方式。发起设立由发起人认足公司设立时发行的全部股份，而募集设立则由发起人认购一部分股份，其余部分向社会募集。但在我国，向社会募集股份筹资应当符合证券监督管理部门规定的条件，《证券法》第 12 条规定，公开发行新股应当提供近 3 年的财务会计报告，以及根据中国证监会《首次公开发行股票并上市管理办法》第 9 条，发行人发行股票的，应当满足持续经营时间 3 年以上。因而上述规定使得募集设立在现实中并不存在。

第 97 条
股份认购

❶以发起设立方式设立股份有限公司的，发起人应当认足公司章程规定的公司设立时应发行的股份。

❷以募集设立方式设立股份有限公司的，发起人认购的股份不得少于公司章程规定的公司设立时应发行股份总数的百分之三十五；但是，法律、行政法规另有规定的，从其规定。

第 98 条
发起人的出资

❶发起人应当在公司成立前按照其认购的股份全额缴纳股款。

❷发起人的出资，适用本法第四十八条、第四十九条第二款关于有限责任公司股东出资的规定。

重点解读

本条规定了发起设立股份公司时股东缴纳出资的义务。在理解时应注意，发起人应当在公司成立前全额缴纳股款，这意味着股份公司股东不享有出资期限利益，股东应当实际缴纳出资，不能采取认缴的方式。同时，股份公司在非货币出资和货币出资的相关规定上可以适用有限公司的相关规定。

交叉引用

第 48 条　股东可以用货币出资，也可以用实物、知识产权、土地使用权、股权、债权等可以用货币估价并可以依法转让的非货币财产作价出资；但是，法律、行政法规规定不得作为出资的财产除外。

对作为出资的非货币财产应当评估作价，核实财产，不得高估或者低估作价。法律、行政法规对评估作价有规定的，从其规定。

第 49 条　股东应当按期足额缴纳公司章程规定的各自所认缴的出资额。

股东以货币出资的，应当将货币出资足额存入有限责任公司在银行开设的账户；以非货币财产出资的，应当依法办理其财产权的转移手续。

股东未按期足额缴纳出资的，除应当向公司足额缴纳外，还应当对给公司造成的损失承担赔偿责任。

第 99 条
其他发起人的连带责任

发起人不按照其认购的股份缴纳股款，或者作为出资的非货币财产的实际价额显著低于所认购的股份的，其他发起人与该发起人在出资不足的范围内承担连带责任。

重点解读

发起设立公司时，通过发起人协议在发起人之间创设权利义务。以货币方式出资的，发起人不缴纳股款的行为，实际上是对其他发起人的违约；以非货币财产出资的，如果评估价值低于实际价值，也属于违约。以上两种情形都需对其他发起人承担违约责任。

第 100 条 募集股份的公告和认股书

发起人向社会公开募集股份，应当公告招股说明书，并制作认股书。认股书应当载明本法第一百五十四条第二款、第三款所列事项，由认股人填写认购的股份数、金额、住所，并签名或者盖章。认股人应当按照所认购股份足额缴纳股款。

交叉引用

第 154 条　公司向社会公开募集股份，应当经国务院证券监督管理机构注册，公告招股说明书。

招股说明书应当附有公司章程，并载明下列事项：

（一）发行的股份总数；

（二）面额股的票面金额和发行价格或者无面额股的发行价格；

（三）募集资金的用途；

（四）认股人的权利和义务；

（五）股份种类及其权利和义务；

（六）本次募股的起止日期及逾期未募足时认股人可以撤回所认股份的说明。

公司设立时发行股份的，还应当载明发起人认购的股份数。

第 101 条
验资

向社会公开募集股份的股款缴足后，应当经依法设立的验资机构验资并出具证明。

第 102 条
股东名册

股份有限公司应当制作股东名册并置备于公司。股东名册应当记载下列事项：

（一）股东的姓名或者名称及住所；

（二）各股东所认购的股份种类及股份数；

（三）发行纸面形式的股票的，股票的编号；

（四）各股东取得股份的日期。

第 103 条
成立大会

❶募集设立股份有限公司的发起人应当自公司设立时应发行股份的股款缴足之日起三十日内召开公司成立大会。发起人应当在成立大会召开十五日前将会议日期通知各认股人或者予以公告。成立大会应当有持有表决权过半数的认股人出席，方可举行。

❷以发起设立方式设立股份有限公司成立大会的召开和表决程序由公司章程或者发起人协议规定。

第 104 条
成立大会职权

❶公司成立大会行使下列职权：
（一）审议发起人关于公司筹办情况的报告；
（二）通过公司章程；
（三）选举董事、监事；
（四）对公司的设立费用进行审核；
（五）对发起人非货币财产出资的作价进行审核；
（六）发生不可抗力或者经营条件发生重大变化直接影响公司设立的，可以作出不设立公司的决议。
❷成立大会对前款所列事项作出决议，应当经出席会议的认股人所持表决权过半数通过。

第 105 条
股款返还及不得任意抽回股本

❶公司设立时应发行的股份未募足，或者发行股份的股款缴足后，发起人在三十日内未召开成立大会的，认股人可以按照所缴股款并加算银行同期存款利息，要求发起人返还。
❷发起人、认股人缴纳股款或者交付非货币财产出资后，除未按期募足股份、发起人未按期召开成立大会或者成立大会决议不设立公司的情形外，不得抽回其股本。

第106条
申请设立登记

董事会应当授权代表，于公司成立大会结束后三十日内向公司登记机关申请设立登记。

第107条
有限责任公司相关规定的准用

本法第四十四条、第四十九条第三款、第五十一条、第五十二条、第五十三条的规定，适用于股份有限公司。

交叉引用

第44条　有限责任公司设立时的股东为设立公司从事的民事活动，其法律后果由公司承受。

公司未成立的，其法律后果由公司设立时的股东承受；设立时的股东为二人以上的，享有连带债权，承担连带债务。

设立时的股东为设立公司以自己的名义从事民事活动产生的民事责任，第三人有权选择请求公司或者公司设立时的股东承担。

设立时的股东因履行公司设立职责造成他人损害的，公司或者无过错的股东承担赔偿责任后，可以向有过错的股东追偿。

第49条　股东应当按期足额缴纳公司章程规定的各自所认缴的出资额。

股东以货币出资的，应当将货币出资足额存入有限责任公司在银行开设的账户；以非货币财产出资的，应当依法办理其财产权的转移手续。

股东未按期足额缴纳出资的，除应当向公司足额缴纳外，还应当对给公司造成的损失承担赔偿责任。

第 51 条　有限责任公司成立后，董事会应当对股东的出资情况进行核查，发现股东未按期足额缴纳公司章程规定的出资的，应当由公司向该股东发出书面催缴书，催缴出资。

未及时履行前款规定的义务，给公司造成损失的，负有责任的董事应当承担赔偿责任。

第 52 条　股东未按照公司章程规定的出资日期缴纳出资，公司依照前条第一款规定发出书面催缴书催缴出资的，可以载明缴纳出资的宽限期；宽限期自公司发出催缴书之日起，不得少于六十日。宽限期届满，股东仍未履行出资义务的，公司经董事会决议可以向该股东发出失权通知，通知应当以书面形式发出。自通知发出之日起，该股东丧失其未缴纳出资的股权。

依照前款规定丧失的股权应当依法转让，或者相应减少注册资本并注销该股权；六个月内未转让或者注销的，由公司其他股东按照其出资比例足额缴纳相应出资。

股东对失权有异议的，应当自接到失权通知之日起三十日内，向人民法院提起诉讼。

第 53 条　公司成立后，股东不得抽逃出资。

违反前款规定的，股东应当返还抽逃的出资；给公司造成损失的，负有责任的董事、监事、高级管理人员应当与该股东承担连带赔偿责任。

第 108 条
公司性质的变更

有限责任公司变更为股份有限公司时，折合的实收股本总额不得高于公司净资产额。有限责任公司变更为股份有限公司，为增加注册资本公开发行股份时，应当依法办理。

第 109 条
重要资料的置备

股份有限公司应当将公司章程、股东名册、股东会会议记录、董事会会议记录、监事会会议记录、财务会计报告、债券持有人名册置备于本公司。

第 110 条
股东的查阅、复制、建议和质询权

❶股东有权查阅、复制公司章程、股东名册、股东会会议记录、董事会会议决议、监事会会议决议、财务会计报告，对公司的经营提出建议或者质询。

❷连续一百八十日以上单独或者合计持有公司百分之三以上股份的股东要求查阅公司的会计账簿、会计凭证的，适用本法第五十七条第二款、第三款、第四款的规定。公司章程对持股比例有较低规定的，从其规定。

❸股东要求查阅、复制公司全资子公司相关材料的，适用前两款的规定。

❹上市公司股东查阅、复制相关材料的，应当遵守《中华人民共和国证券法》等法律、行政法规的规定。

重点解读

本条是股份公司股东查阅权的规定。在两权分离的公司中，股东虽不实际经营公司，但股东仍享有知悉公司经营状况的权利。但股份公司，尤其是公开发行股票的公司中股东人数成千上万，持股较少的股东并不一定关心公司的经营，若允许股东无条件地行使查阅权，可能会给公司正常经营带来不便甚至泄露公司商业秘密。因而本条规定股份公司股东行使查阅权时应当达到一定的持股比例和持股时间要求。股东查阅公司全资子公司相关材料的，适用前两款的规定。对于上市公司，除应遵守公司法外，还应当遵守证券法等监管规范。

交叉引用

股份公司股东行使查阅权的，在查阅范围、查阅方式以及保密义务等方面适用第57条有限公司股东查阅权的规范。

第57条　股东有权查阅、复制公司章程、股东名册、股东会会议记录、董事会会议决议、监事会会议决议和财务会计报告。

股东可以要求查阅公司会计账簿、会计凭证。股东要求查阅公司会计账簿、会计凭证的，应当向公司提出书面请求，说明目的。公司有合理根据认为股东查阅会计账簿、会计凭证有不正当目的，可能损害公司合法利益的，可以拒绝提供查阅，并应当自股东提出书面请求之日起十五日内书面答复股东并说明理由。公司拒绝提供查阅的，股东可以向人民法院提起诉讼。

股东查阅前款规定的材料，可以委托会计师事务所、律师事务所等中介机构进行。

股东及其委托的会计师事务所、律师事务所等中介机构查阅、复制有关材料，应当遵守有关保护国家秘密、商业秘密、个人隐私、个人信息等法律、行政法规的规定。

股东要求查阅、复制公司全资子公司相关材料的，适用前四款的规定。

第二节　股　东　会

第 111 条
股东会的组成与地位

股份有限公司股东会由全体股东组成。股东会是公司的权力机构，依照本法行使职权。

第 112 条
股东会的职权

❶本法第五十九条第一款、第二款关于有限责任公司股东会职权的规定，适用于股份有限公司股东会。

❷本法第六十条关于只有一个股东的有限责任公司不设股东会的规定，适用于只有一个股东的股份有限公司。

重点解读

有限公司股东会职权的相关规范，对股份公司同样适用，但是这里排除了全体一致同意可以不召开股东会的规定。主要是因为股份公司以上市公司为原型，不太可能采取全体一致同意的方式决策。一人股份公司的股东会决策，与一人有限公司并无本质区别，因而无须重复规定。

交叉引用

第 59 条　股东会行使下列职权：

（一）选举和更换董事、监事，决定有关董事、监事的报酬事项；

（二）审议批准董事会的报告；

（三）审议批准监事会的报告；

（四）审议批准公司的利润分配方案和弥补亏损方案；

（五）对公司增加或者减少注册资本作出决议；

（六）对发行公司债券作出决议；

（七）对公司合并、分立、解散、清算或者变更公司形式作出决议；

（八）修改公司章程；

（九）公司章程规定的其他职权。

股东会可以授权董事会对发行公司债券作出决议。

对本条第一款所列事项股东以书面形式一致表示同意的，可以不召开股东会会议，直接作出决定，并由全体股东在决定文件上签名或者盖章。

第 60 条　只有一个股东的有限责任公司不设股东会。股东作出前条第一款所列事项的决定时，应当采用书面形式，并由股东签名或者盖章后置备于公司。

第113条
年会和临时会

股东会应当每年召开一次年会。有下列情形之一的，应当在两个月内召开临时股东会会议：

（一）董事人数不足本法规定人数或者公司章程所定人数的三分之二时；

（二）公司未弥补的亏损达股本总额三分之一时；

（三）单独或者合计持有公司百分之十以上股份的股东请求时；

（四）董事会认为必要时；

（五）监事会提议召开时；

（六）公司章程规定的其他情形。

第114条
股东会会议的召集与主持

❶股东会会议由董事会召集，董事长主持；董事长不能履行职务或者不履行职务的，由副董事长主持；副董事长不能履行职务或者不履行职务的，由过半数的董事共同推举一名董事主持。

❷董事会不能履行或者不履行召集股东会会议职责的，监事会应当及时召集和主持；监

事会不召集和主持的，连续九十日以上单独或者合计持有公司百分之十以上股份的股东可以自行召集和主持。

③单独或者合计持有公司百分之十以上股份的股东请求召开临时股东会会议的，董事会、监事会应当在收到请求之日起十日内作出是否召开临时股东会会议的决定，并书面答复股东。

第115条
股东会会议

①召开股东会会议，应当将会议召开的时间、地点和审议的事项于会议召开二十日前通知各股东；临时股东会会议应当于会议召开十五日前通知各股东。

②单独或者合计持有公司百分之一以上股份的股东，可以在股东会会议召开十日前提出临时提案并书面提交董事会。临时提案应当有明确议题和具体决议事项。董事会应当在收到提案后二日内通知其他股东，并将该临时提案提交股东会审议；但临时提案违反法律、行政法规或者公司章程的规定，或者不属于股东会职权范围的除外。公司不得提高提出临时提案股东的持股比例。

③公开发行股份的公司，应当以公告方式作

出前两款规定的通知。

④股东会不得对通知中未列明的事项作出决议。

重点解读

本条规定了股东的临时提案权。股东行使提案权是参与公司经营管理的具体方式之一，但并不是任何股东都有权提出提案，能够提出临时提案的股东持股应当至少达到1%。临时提案应当在股东会召开十日前提交至董事会。本条规定的提案应当属于股东会职权范围，但是本条并未规定董事会对提案的审查权，提案只有不符合法定或者章定情形时董事会才有权拒绝将提案提交股东会。临时提案给股东会的准备时间较短，而股东表决时需要一定时间对提案内容进行了解甚至进行调查，对于选举公司管理者以及修改章程等重大事项，需要更充分的准备时间，因而这些事项不允许以临时提案方式提出。另外，上市公司股份分散，持股达1%的股东与公司具有较强的利益关联，为了防止公司不当地限制股东临时提案权，本条禁止公司提高临时提案股东的持股比例。

推荐阅读

刘胜军:《论我国上市公司股东提案权——以美国法为借鉴》，载《河北法学》2016年第9期；梁上上、加藤贵仁、朱大明:《中日股东提案权的剖析与借鉴——一种精细化比较的尝试》，载《清华法学》2019年第2期。

第 116 条
股东表决权

❶股东出席股东会会议，所持每一股份有一表决权，类别股股东除外。公司持有的本公司股份没有表决权。

❷股东会作出决议，应当经出席会议的股东所持表决权过半数通过。

❸股东会作出修改公司章程、增加或者减少注册资本的决议，以及公司合并、分立、解散或者变更公司形式的决议，应当经出席会议的股东所持表决权的三分之二以上通过。

第 117 条
累积投票制

❶股东会选举董事、监事，可以按照公司章程的规定或者股东会的决议，实行累积投票制。

❷本法所称累积投票制，是指股东会选举董事或者监事时，每一股份拥有与应选董事或者监事人数相同的表决权，股东拥有的表决权可以集中使用。

第 118 条
出席股东会的代理

股东委托代理人出席股东会会议的，应当明确代理人代理的事项、权限和期限；代理人应当向公司提交股东授权委托书，并在授权范围内行使表决权。

第119条
股东会会议记录

股东会应当对所议事项的决定作成会议记录，主持人、出席会议的董事应当在会议记录上签名。会议记录应当与出席股东的签名册及代理出席的委托书一并保存。

第三节　董事会、经理

第120条
董事会组成、任期、职权及董事的解任

①股份有限公司设董事会，本法第一百二十八条另有规定的除外。

②本法第六十七条、第六十八条第一款、第七十条、第七十一条的规定，适用于股份有限公司。

重点解读

从法条的分类上看，本条属于不完全法条项下的引用性法条，其主要功能在于避免就同一事项进行重复规定。董事会作为公司的经营管理机关，无论是在有限责任公司还是股份有限公司中都是普遍适用的，就此而言，二者具有共同的特征。

因而本条规定股份有限公司董事会职权、成员人数、职工董事、任期、辞任及解任等事项适用有限责任公司的规定。

交叉引用

根据本条第2款的规定，适用于股份公司的条款主要有：

一、关于董事会职权的规范

第67条　有限责任公司设董事会，本法第七十五条另有规定的除外。

董事会行使下列职权：

（一）召集股东会会议，并向股东会报告工作；

（二）执行股东会的决议；

（三）决定公司的经营计划和投资方案；

（四）制订公司的利润分配方案和弥补亏损方案；

（五）制订公司增加或者减少注册资本以及发行公司债券的方案；

（六）制订公司合并、分立、解散或者变更公司形式的方案；

（七）决定公司内部管理机构的设置；

（八）决定聘任或者解聘公司经理及其报酬事项，并根据经理的提名决定聘任或者解聘公司副经理、财务负责人及其报酬事项；

（九）制定公司的基本管理制度；

（十）公司章程规定或者股东会授予的其他职权。

公司章程对董事会职权的限制不得对抗善意相对人。

二、关于董事会成员人数及职工董事的规范

第68条第1款　有限责任公司董事会成员为三人以上，其成员中可以有公司职工代表。职工人数三百人以上的有限责任公司，除依法设监事会并有公司职工代表的外，其董事会成员中应当有公司职工代表。董事会中的职工代表由公司职工通过职工代表大会、职工大会或者其他形式民主选举产生。

三、关于董事任期及辞任的规范

第70条　董事任期由公司章程规定，但每届任期不得超过三年。董事任期届满，连选可以连任。

董事任期届满未及时改选，或者董事在任期内辞任导致董事会成员低于法定人数的，在改选出的董事就任前，原董事仍应当依照法律、行政法规和公司章程的规定，履行董事职务。

董事辞任的，应当以书面形式通知公司，公司收到通知之日辞任生效，但存在前款规定情形的，董事应当继续履行职务。

四、关于董事解任的规范

第71条　股东会可以决议解任董事，决议作出之日解任生效。

无正当理由，在任期届满前解任董事的，该董事可以要求公司予以赔偿。

第121条
审计委员会

❶股份有限公司可以按照公司章程的规定在董事会中设置由董事组成的审计委员会，行使本法规定的监事会的职权，不设监事会或者监事。

❷审计委员会成员为三名以上，过半数成员不得在公司担任除董事以外的其他职务，且不得与公司存在任何可能影响其独立客观判断的关系。公司董事会成员中的职工代表可以成为审计委员会成员。

③审计委员会作出决议，应当经审计委员会成员的过半数通过。

④审计委员会决议的表决，应当一人一票。

⑤审计委员会的议事方式和表决程序，除本法有规定的外，由公司章程规定。

⑥公司可以按照公司章程的规定在董事会中设置其他委员会。

重点解读

本条规定了股份公司可选择设置审计委员会及其议事规则。公司治理结构可以分为单层制和双层制，采用单层制的，往往通过董事会下设审计委员会来发挥监督职能，此时可不再设监事会。

推荐阅读

王真真:《我国董事监督义务的制度构建：中国问题与美国经验》，载蒋锋、卢文道主编:《证券法苑》(第25卷)，法律出版社2018年版；吕成龙:《上市公司董事监督义务的制度构建》，载《环球法律评论》2021年第2期。

第122条
董事长的产生及职权

①董事会设董事长一人，可以设副董事长。董事长和副董事长由董事会以全体董事的过半数选举产生。

②董事长召集和主持董事会会议，检查董事会决议的实施情况。副董事长协助董事长工作，董事长不能履行职务或者不履行职务的，由副董事长履行职务；副董事长不能履行职务或者不履行职务的，由过半数的董事共同推举一名董事履行职务。

第 123 条
董事会会议的召集

①董事会每年度至少召开两次会议，每次会议应当于会议召开十日前通知全体董事和监事。
②代表十分之一以上表决权的股东、三分之一以上董事或者监事会，可以提议召开临时董事会会议。董事长应当自接到提议后十日内，召集和主持董事会会议。
③董事会召开临时会议，可以另定召集董事会的通知方式和通知时限。

第 124 条
董事会会议的议事规则

①董事会会议应当有过半数的董事出席方可举行。董事会作出决议，应当经全体董事的过半数通过。
②董事会决议的表决，应当一人一票。
③董事会应当对所议事项的决定作成会议

记录，出席会议的董事应当在会议记录上签名。

第 125 条 董事会会议的出席及责任承担

❶董事会会议，应当由董事本人出席；董事因故不能出席，可以书面委托其他董事代为出席，委托书应当载明授权范围。

❷董事应当对董事会的决议承担责任。董事会的决议违反法律、行政法规或者公司章程、股东会决议，给公司造成严重损失的，参与决议的董事对公司负赔偿责任；经证明在表决时曾表明异议并记载于会议记录的，该董事可以免除责任。

第 126 条 经理的设立与职权

❶股份有限公司设经理，由董事会决定聘任或者解聘。

❷经理对董事会负责，根据公司章程的规定或者董事会的授权行使职权。经理列席董事会会议。

第 127 条
董事兼任经理

公司董事会可以决定由董事会成员兼任经理。

第 128 条
不设董事会的情形

规模较小或者股东人数较少的股份有限公司，可以不设董事会，设一名董事，行使本法规定的董事会的职权。该董事可以兼任公司经理。

第 129 条
高管人员的报酬披露

公司应当定期向股东披露董事、监事、高级管理人员从公司获得报酬的情况。

第四节　监　事　会

第 130 条
监事会的组成及任期

❶股份有限公司设监事会，本法第一百二十一条第一款、第一百三十三条另有规定的除外。

❷监事会成员为三人以上。监事会成员应当

包括股东代表和适当比例的公司职工代表，其中职工代表的比例不得低于三分之一，具体比例由公司章程规定。监事会中的职工代表由公司职工通过职工代表大会、职工大会或者其他形式民主选举产生。

③监事会设主席一人，可以设副主席。监事会主席和副主席由全体监事过半数选举产生。监事会主席召集和主持监事会会议；监事会主席不能履行职务或者不履行职务的，由监事会副主席召集和主持监事会会议；监事会副主席不能履行职务或者不履行职务的，由过半数的监事共同推举一名监事召集和主持监事会会议。

④董事、高级管理人员不得兼任监事。

⑤本法第七十七条关于有限责任公司监事任期的规定，适用于股份有限公司监事。

重点解读

本条规定了监事会的设置及其成员构成。根据本条第5款的规定，监事任期的规定适用有限责任公司第77条的规范。

交叉引用

第77条　监事的任期每届为三年。监事任期届满，连选可以连任。

监事任期届满未及时改选，或者监事在任期内辞任导致监事会成员低于法定人数的，在改选出的监事就任前，原监事仍应当依照法律、行政法规和公司章程的规定，履行监事职务。

第 131 条
监事会的职权及履职费用

❶本法第七十八条至第八十条的规定，适用于股份有限公司监事会。
❷监事会行使职权所必需的费用，由公司承担。

重点解读

本条第 1 款规定了监事会职权、监事的质询建议权、监事会对公司经营异常的调查权、监事会的知情权等适用有限责任公司的规范。监事会就公司经营情况调查时可能因聘请中介机构等产生合理费用，第 2 款规定了监事会行使职权所需费用由公司承担。

交叉引用

第 78 条　监事会行使下列职权：

（一）检查公司财务；

（二）对董事、高级管理人员执行职务的行为进行监督，对违反法律、行政法规、公司章程或者股东会决议的董事、高级管理人员提出解任的建议；

（三）当董事、高级管理人员的行为损害公司的利益时，要求董事、高级管理人员予以纠正；

（四）提议召开临时股东会会议，在董事会不履行本法规定的召集和主持股东会会议职责时召集和主持股东会会议；

（五）向股东会会议提出提案；

（六）依照本法第一百八十九条的规定，对董事、高级管理人员提起诉讼；

（七）公司章程规定的其他职权。

第 79 条　监事可以列席董事会会议，并对董事会决议事项提出质询或者建议。

监事会发现公司经营情况异常，可以进行调查；必要时，可以聘请会计师事务所等协助其工作，费用由公司承担。

第 80 条　监事会可以要求董事、高级管理人员提交执行职务的报告。

董事、高级管理人员应当如实向监事会提供有关情况和资料，不得妨碍监事会或者监事行使职权。

第 132 条
监事会的会议制度

❶监事会每六个月至少召开一次会议。监事可以提议召开临时监事会会议。

❷监事会的议事方式和表决程序，除本法有规定的外，由公司章程规定。

监事会决议应当经全体监事的过半数通过。

❸监事会决议的表决，应当一人一票。

❹监事会应当对所议事项的决定作成会议记录，出席会议的监事应当在会议记录上签名。

第 133 条
不设监事会的情形

规模较小或者股东人数较少的股份有限公司，可以不设监事会，设一名监事，行使本法规定的监事会的职权。

第五节 上市公司组织机构的特别规定

第 134 条
上市公司的定义

本法所称上市公司，是指其股票在证券交易所上市交易的股份有限公司。

第 135 条
特别事项的通过

上市公司在一年内购买、出售重大资产或者向他人提供担保的金额超过公司资产总额百分之三十的，应当由股东会作出决议，并经出席会议的股东所持表决权的三分之二以上通过。

第 136 条
独立董事及公司章程应载明的特殊事项

❶上市公司设独立董事，具体管理办法由国务院证券监督管理机构规定。

❷上市公司的公司章程除载明本法第九十五条规定的事项外，还应当依照法律、行政法规的规定载明董事会专门委员会的组成、职权以及董事、监事、高级管理人员薪酬考核机制等事项。

交叉引用

第 95 条　股份有限公司章程应当载明下列事项：

（一）公司名称和住所；

（二）公司经营范围；

（三）公司设立方式；

（四）公司注册资本、已发行的股份数和设立时发行的股份数，面额股的每股金额；

（五）发行类别股的，每一类别股的股份数及其权利和义务；

（六）发起人的姓名或者名称、认购的股份数、出资方式；

（七）董事会的组成、职权和议事规则；

（八）公司法定代表人的产生、变更办法；

（九）监事会的组成、职权和议事规则；

（十）公司利润分配办法；

（十一）公司的解散事由与清算办法；

（十二）公司的通知和公告办法；

（十三）股东会认为需要规定的其他事项。

第137条
应由审计委员会事前通过的事项

上市公司在董事会中设置审计委员会的，董事会对下列事项作出决议前应当经审计委员会全体成员过半数通过：

（一）聘用、解聘承办公司审计业务的会计师事务所；

（二）聘任、解聘财务负责人；

（三）披露财务会计报告；

（四）国务院证券监督管理机构规定的其他事项。

重点解读

本条规定了审计委员会设置公司中审计委员会的特定职权。审计委员会的职能是负责公司内部控制并监督公司的财务会计制度，实践中审计委员会成员多由独立董事担任。因而本条规定董事会在就公司财务会计事项作出决议前应当先经审计委员会通过。

第138条
董事会秘书

上市公司设董事会秘书，负责公司股东会和董事会会议的筹备、文件保管以及公司股东资料的管理，办理信息披露事务等事宜。

第139条 关联关系董事的回避

上市公司董事与董事会会议决议事项所涉及的企业或者个人有关联关系的，该董事应当及时向董事会书面报告。有关联关系的董事不得对该项决议行使表决权，也不得代理其他董事行使表决权。该董事会会议由过半数的无关联关系董事出席即可举行，董事会会议所作决议须经无关联关系董事过半数通过。出席董事会会议的无关联关系董事人数不足三人的，应当将该事项提交上市公司股东会审议。

重点解读

本条是关联董事报告义务和回避表决的规定。董事与董事会表决事项存在关联时，可能会产生利益冲突，因而本条规定关联董事的回避制度。由于董事会不一定知悉特定董事与表决事项存在关联，董事与待表决事项存在关联但是仍然出席会议并表决的，可能会导致董事会决议瑕疵，因而本条增加了关联董事的事先报告义务。在理解时注意，关联交易虽可能产生利益冲突，但不必一律禁止，只要价格公平，不损害公司利益，通过程序控制关联交易即可。

第 140 条
信息披露义务及禁止违法代持

①上市公司应当依法披露股东、实际控制人的信息，相关信息应当真实、准确、完整。
②禁止违反法律、行政法规的规定代持上市公司股票。

重点解读

本条是上市公司股东信息披露的规定。由于上市公司股东和实际控制人的变更对股票价格影响较大，因而本条规定相关信息的披露应当真实准确。同时，股权代持与证券市场公开原则相悖，因而本条明确禁止上市公司股权代持。

第 141 条
禁止交叉持股的情形

①上市公司控股子公司不得取得该上市公司的股份。
②上市公司控股子公司因公司合并、质权行使等原因持有上市公司股份的，不得行使所持股份对应的表决权，并应当及时处分相关上市公司股份。

第六章　股份有限公司的股份发行和转让

第一节　股份发行

第 142 条
股份及其面额

❶公司的资本划分为股份。公司的全部股份，根据公司章程的规定择一采用面额股或者无面额股。采用面额股的，每一股的金额相等。

❷公司可以根据公司章程的规定将已发行的面额股全部转换为无面额股或者将无面额股全部转换为面额股。

❸采用无面额股的，应当将发行股份所得股款的二分之一以上计入注册资本。

重点解读

本条规定了无面额股制度。根据股票上是否有票面金额，可以将股票分为面额股和无面额股。由于我国不允许折价发行，因而面额股只能以高于或者等于票面金额发行，这种方式不利于公司融资。由于无面额股没有票面金额，因而当公司在对股票发行价格进行定价时，就不存在折价发行的问题，有利于公司筹集资金。在理解时需要注意的是，面额股和无面额股只能择一采用，不得同时发行。

推荐阅读

朱慈蕴、梁泽宇:《无面额股制度引入我国公司法路径研究》，载《扬州大学学报（人文社会科学版）》2021 年第 2 期；叶林、张冉:《无面额股时代公司资本制度的体系性调适》，载《国家检察官学院学报》2023 年第 6 期。

第 143 条
股份发行的原则

❶股份的发行，实行公平、公正的原则，同类别的每一股份应当具有同等权利。

❷同次发行的同类别股份，每股的发行条件和价格应当相同；认购人所认购的股份，每股应当支付相同价额。

第 144 条
类别股

❶公司可以按照公司章程的规定发行下列与普通股权利不同的类别股：

（一）优先或者劣后分配利润或者剩余财产的股份；

（二）每一股的表决权数多于或者少于普通

股的股份；

（三）转让须经公司同意等转让受限的股份；

（四）国务院规定的其他类别股。

❷公开发行股份的公司不得发行前款第二项、第三项规定的类别股；公开发行前已发行的除外。

❸公司发行本条第一款第二项规定的类别股的，对于监事或者审计委员会成员的选举和更换，类别股与普通股每一股的表决权数相同。

重点解读

本条规定了类别股制度。普通股实行一股一权，注重股东权利平等。由于实践中股东对参与公司经营管理的意愿并不完全一致，有的股东只希望通过投资获得利润回报，而公司的创始人可能更关心公司的经营和控制，因而本条规定公司可以发行优先股或者多数表决权股。对于公开发行股份的公司而言，主要包括上市公司和挂牌公司，其股份的流通性是第一位的，因而不得发行转让受限制的股份。对于特殊表决权的股份，上市公司股票交易规则允许公司可以作出表决权的差异化安排，因而本条允许公司在公开发行前发行特殊表决权股。

在理解时应注意的是，类别股股东在选举监事或者审计委员会成员时与普通股的表决权相同，这是因为监事和审计委员会的功能主要是监督公司，而非经营，这是其与董事的区别。

推荐阅读

朱慈蕴、沈朝晖:《类别股与中国公司法的演进》，载《中国社会科学》2013年第9期；沈骏峥:《论双重股权结构监管制度的构建——以控制权利益的内涵为视角》，载《中外法学》2021年第3期。

第145条
发行类别股公司章程记载事项

发行类别股的公司，应当在公司章程中载明以下事项：

（一）类别股分配利润或者剩余财产的顺序；

（二）类别股的表决权数；

（三）类别股的转让限制；

（四）保护中小股东权益的措施；

（五）股东会认为需要规定的其他事项。

第146条
类别股股东的双重表决

❶发行类别股的公司，有本法第一百一十六条第三款规定的事项等可能影响类别股股东权利的，除应当依照第一百一十六条第三款的规定经股东会决议外，还应当经出席类别股股东会议的股东所持表决权的三分之二以上通过。

②公司章程可以对需经类别股股东会议决议的其他事项作出规定。

重点解读

本条规定了类别股股东权利的保护。公司修改章程、增资等行为可能损害类别股股东权利的，除需要全体股东特别多数通过外，还应当经过类别股股东特别多数通过。通过这种双重表决通过方式保护类别股股东权利免受普通股股东侵害。

交叉引用

第116条　股东出席股东会会议，所持每一股份有一表决权，类别股股东除外。公司持有的本公司股份没有表决权。

股东会作出决议，应当经出席会议的股东所持表决权过半数通过。

股东会作出修改公司章程、增加或者减少注册资本的决议，以及公司合并、分立、解散或者变更公司形式的决议，应当经出席会议的股东所持表决权的三分之二以上通过。

第147条
股份形式

①公司的股份采取股票的形式。股票是公司签发的证明股东所持股份的凭证。

②公司发行的股票，应当为记名股票。

重点解读

本条规定了记名股票的规则。公司法不允许发行无记名股票，主要目的是防止通过股票交易从事洗钱活动。值得注意的是，现行股票发行实践中是否存在记名股票是值得怀疑的，这里需要区分股票记名与股票交易账户之间的区别。记名股票的交易方式是背书转让，但现实中股票交易是无须记名的，因而记名的其实是股票交易账户，股票上是不存在记名的，这有些类似于人民币账户与人民币之间的关系。

第148条
面额股股票发行价格

面额股股票的发行价格可以按票面金额，也可以超过票面金额，但不得低于票面金额。

第149条
股票的形式及载明的事项

①股票采用纸面形式或者国务院证券监督管理机构规定的其他形式。

②股票采用纸面形式的，应当载明下列主要事项：

（一）公司名称；

（二）公司成立日期或者股票发行的时间；

（三）股票种类、票面金额及代表的股份数，发行无面额股的，股票代表的股份数。

③股票采用纸面形式的，还应当载明股票的

编号，由法定代表人签名，公司盖章。

❹发起人股票采用纸面形式的，应当标明发起人股票字样。

第 150 条 向股东交付股票

股份有限公司成立后，即向股东正式交付股票。公司成立前不得向股东交付股票。

第 151 条 发行新股的决议

❶公司发行新股，股东会应当对下列事项作出决议：

（一）新股种类及数额；

（二）新股发行价格；

（三）新股发行的起止日期；

（四）向原有股东发行新股的种类及数额；

（五）发行无面额股的，新股发行所得股款计入注册资本的金额。

❷公司发行新股，可以根据公司经营情况和财务状况，确定其作价方案。

第 152 条
授权董事会发行股份

❶公司章程或者股东会可以授权董事会在三年内决定发行不超过已发行股份百分之五十的股份。但以非货币财产作价出资的应当经股东会决议。

❷董事会依照前款规定决定发行股份导致公司注册资本、已发行股份数发生变化的，对公司章程该项记载事项的修改不需再由股东会表决。

重点解读

本条规定了公司可以授权董事会发行股份制度。发行股份属于公司的商业判断，董事会是公司的经营管理机构，对公司经营状况和公司资金需求更为了解，因而本条规定公司可以授权董事会决定发行股份。当公司需要筹集资金时，股东会不一定能及时召开，公司可能因此错失商业机会，因而由董事会决策较为方便。当然股份发行可能会改变公司的股权结构，对股东权利有一定影响，所以本条对发行比例和时间作出了限制。除了现金方式出资外，公司在发展过程中也可能需要非现金方式的出资，这种情况下应当经股东会决议。

推荐阅读

沈朝晖:《授权股份制的体系构造——兼评 2021 年〈公司法〉(修订草案)相关规定》，载《当代法学》2022 年第 2 期；温笑侗:《授权资本制度下公司控制权争夺的法律问题》，载陈洁主编:《商法界论集:〈公司法〉修改的本土逻辑》(第 8 卷)，中国金融出版社

2021年版；李建伟：《授权资本发行制与认缴制的融合——公司资本制度的变革及公司法修订选择》，载《现代法学》2021年第6期；陈景善：《授权资本制下股份发行规制的重构》，载《华东政法大学学报》2022年第2期。

第153条 董事会发行新股的通过

公司章程或者股东会授权董事会决定发行新股的，董事会决议应当经全体董事三分之二以上通过。

重点解读

公司发行股份增资属于重大事项，应当经过特别多数决议，因而在授权董事会发行股份增资时，同样也应当经过特别多数通过。

第154条 公开募集股份

❶公司向社会公开募集股份，应当经国务院证券监督管理机构注册，公告招股说明书。

❷招股说明书应当附有公司章程，并载明下列事项：

（一）发行的股份总数；

（二）面额股的票面金额和发行价格或者无面额股的发行价格；

（三）募集资金的用途；

（四）认股人的权利和义务；

（五）股份种类及其权利和义务；

（六）本次募股的起止日期及逾期未募足时认股人可以撤回所认股份的说明。

❸公司设立时发行股份的，还应当载明发起人认购的股份数。

第 155 条
股票承销

公司向社会公开募集股份，应当由依法设立的证券公司承销，签订承销协议。

第 156 条
代收股款

❶公司向社会公开募集股份，应当同银行签订代收股款协议。

❷代收股款的银行应当按照协议代收和保存股款，向缴纳股款的认股人出具收款单据，并负有向有关部门出具收款证明的义务。

❸公司发行股份募足股款后，应予公告。

第二节　股份转让

第 157 条
股份转让

股份有限公司的股东持有的股份可以向其他股东转让，也可以向股东以外的人转让；公司章程对股份转让有限制的，其转让按照公司章程的规定进行。

重点解读

本条规定了股份公司股份自由转让及其例外规则。股份公司是典型的资合公司，股东之间以资本为纽带，尤其是上市的股份公司，股份的流通性是第一位的，因而股份公司以股份自由转让为原则。应当注意的是，有些人数较少或者股东联系较为紧密的股份公司中，股东可能希望限制公司的股份对外转让从而维护其人合性，因而本条规定公司章程可以限制股份转让。在理解时注意本条与有限公司股权转让的差异。

推荐阅读

蔡元庆:《股份有限公司章程对股权转让的限制》，载《暨南学报（哲学社会科学版）》2013 年第 3 期；吴建斌:《股份转让自由原则再审视》，载《南京大学学报（哲学·人文科学·社会科学）》2015 年第 3 期；甘培忠、欧阳泽蔓:《股份有限公司章程限制股份转让法律问题分析》，载《法律适用》2015年第2期。

第158条 股份转让的场所

股东转让其股份，应当在依法设立的证券交易场所进行或者按照国务院规定的其他方式进行。

第159条 股票的转让

❶股票的转让，由股东以背书方式或者法律、行政法规规定的其他方式进行；转让后由公司将受让人的姓名或者名称及住所记载于股东名册。

❷股东会会议召开前二十日内或者公司决定分配股利的基准日前五日内，不得变更股东名册。法律、行政法规或者国务院证券监督管理机构对上市公司股东名册变更另有规定的，从其规定。

第160条 特定持有人的股份转让

❶公司公开发行股份前已发行的股份，自公司股票在证券交易所上市交易之日起一年内不得转让。法律、行政法规或者国务院证券监督管理机构对上市公司的股东、实际控制

人转让其所持有的本公司股份另有规定的，从其规定。

❷公司董事、监事、高级管理人员应当向公司申报所持有的本公司的股份及其变动情况，在就任时确定的任职期间每年转让的股份不得超过其所持有本公司股份总数的百分之二十五；所持本公司股份自公司股票上市交易之日起一年内不得转让。上述人员离职后半年内，不得转让其所持有的本公司股份。公司章程可以对公司董事、监事、高级管理人员转让其所持有的本公司股份作出其他限制性规定。

❸股份在法律、行政法规规定的限制转让期限内出质的，质权人不得在限制转让期限内行使质权。

第161条 异议股东股份回购请求权

❶有下列情形之一的，对股东会该项决议投反对票的股东可以请求公司按照合理的价格收购其股份，公开发行股份的公司除外：

（一）公司连续五年不向股东分配利润，而公司该五年连续盈利，并且符合本法规定的分配利润条件；

（二）公司转让主要财产；

（三）公司章程规定的营业期限届满或者章程规定的其他解散事由出现，股东会通过决议修改章程使公司存续。

❷自股东会决议作出之日起六十日内，股东与公司不能达成股份收购协议的，股东可以自股东会决议作出之日起九十日内向人民法院提起诉讼。

❸公司因本条第一款规定的情形收购的本公司股份，应当在六个月内依法转让或者注销。

重点解读

本条规定了股份公司股东的异议回购请求权。股份公司股东以自由转让为原则，对公司经营不满的股东可以通过转让股份的方式退出。但是有些股权集中的股份公司在经营管理上与有限公司并无本质差异，也可能出现股东压迫的情形，股东转让股权可能出现无人购买的情形，因而本条借鉴了有限公司异议股东回购请求权的规定。

第 162 条　本公司股份的收购及质押

❶公司不得收购本公司股份。但是，有下列情形之一的除外：

（一）减少公司注册资本；

（二）与持有本公司股份的其他公司合并；
（三）将股份用于员工持股计划或者股权激励；
（四）股东因对股东会作出的公司合并、分立决议持异议，要求公司收购其股份；
（五）将股份用于转换公司发行的可转换为股票的公司债券；
（六）上市公司为维护公司价值及股东权益所必需。

❷公司因前款第一项、第二项规定的情形收购本公司股份的，应当经股东会决议；公司因前款第三项、第五项、第六项规定的情形收购本公司股份的，可以按照公司章程或者股东会的授权，经三分之二以上董事出席的董事会会议决议。

❸公司依照本条第一款规定收购本公司股份后，属于第一项情形的，应当自收购之日起十日内注销；属于第二项、第四项情形的，应当在六个月内转让或者注销；属于第三项、第五项、第六项情形的，公司合计持有的本公司股份数不得超过本公司已发行股份总数的百分之十，并应当在三年内转让或者注销。

❹上市公司收购本公司股份的，应当依照《中华人民共和国证券法》的规定履行信息

披露义务。上市公司因本条第一款第三项、第五项、第六项规定的情形收购本公司股份的，应当通过公开的集中交易方式进行。

❺公司不得接受本公司的股份作为质权的标的。

第 163 条
禁止财务资助

❶公司不得为他人取得本公司或者其母公司的股份提供赠与、借款、担保以及其他财务资助，公司实施员工持股计划的除外。

❷为公司利益，经股东会决议，或者董事会按照公司章程或者股东会的授权作出决议，公司可以为他人取得本公司或者其母公司的股份提供财务资助，但财务资助的累计总额不得超过已发行股本总额的百分之十。董事会作出决议应当经全体董事的三分之二以上通过。

❸违反前两款规定，给公司造成损失的，负有责任的董事、监事、高级管理人员应当承担赔偿责任。

重点解读

本条明确了禁止为他人取得本公司或者其母公司股份提供财务资助的规定。禁止财务资助规则在英联邦国家公司法中有明确规定，比如英国《2006年公司法》第678条禁止公众公司及其子公司为他人取得本公司股份提供财务上的资助。从历史上看，禁止公司为他人购买本公司或者其母公司股份提供财务上的支持与资本维持原则无关，也未必会损害公司净资产，引入该规则的最初动机只是为了扩展禁止股份回购规则的适用范围以及防止滥用权利导致公司债务与股本比率过高的行为。但该规定的问题在于，其不仅无法有效实现其目的，反而因其过于宽泛的含义而打击正常的交易。在原则禁止的基础上，本条规定了例外允许的情形。第一，公司为了实施员工持股计划而实施的财务资助行为。第二，为了公司利益而实施财务资助行为，且经过股东会决议或者经过章程、股东会授权。当财务资助是为了维护公司利益，比如当公司除了被收购之外没有其他更好的出路时，经过法定程序可以实施财务资助行为。本条对资助的比例作出限制。董事、监事、高级管理人员违反本条规定给公司造成损失的，属于违反信义义务，应当承担赔偿责任。

推荐阅读

沈朝晖:《财务资助行为的体系化规制——兼评释2021〈公司法（修订草案）〉第174条》，载《中国政法大学学报》2022年第5期；皮正德:《禁止财务资助规则的公司法建构》，载《法学研究》2023年第1期；张弓长:《论公司财务资助的价值面向和规制结构》，载《华东政法大学学报》2023年第3期；Paul L. Davies，Sara Worthington & Christopher Hare，*Gower Principles of Modern Company Law*，11th edition，Sweet & Maxwell，2021，p.656-669。

第 164 条
股票丢失的救济

股票被盗、遗失或者灭失，股东可以依照《中华人民共和国民事诉讼法》规定的公示催告程序，请求人民法院宣告该股票失效。人民法院宣告该股票失效后，股东可以向公司申请补发股票。

第 165 条
上市公司的股票交易

上市公司的股票，依照有关法律、行政法规及证券交易所交易规则上市交易。

第 166 条
上市公司的信息披露

上市公司应当依照法律、行政法规的规定披露相关信息。

第 167 条
股东资格的继承

自然人股东死亡后，其合法继承人可以继承股东资格；但是，股份转让受限的股份有限公司的章程另有规定的除外。

第七章　国家出资公司组织机构的特别规定

第 168 条
国家出资公司的概念

❶国家出资公司的组织机构，适用本章规定；本章没有规定的，适用本法其他规定。
❷本法所称国家出资公司，是指国家出资的国有独资公司、国有资本控股公司，包括国家出资的有限责任公司、股份有限公司。

第 169 条
出资人职责

❶国家出资公司，由国务院或者地方人民政府分别代表国家依法履行出资人职责，享有出资人权益。国务院或者地方人民政府可以授权国有资产监督管理机构或者其他部门、机构代表本级人民政府对国家出资公司履行出资人职责。
❷代表本级人民政府履行出资人职责的机构、部门，以下统称为履行出资人职责的机构。

第 170 条
党对国家出资公司的领导

国家出资公司中中国共产党的组织，按照中国共产党章程的规定发挥领导作用，研究讨论公司重大经营管理事项，支持公司的组织机构依法行使职权。

第 171 条
国有独资公司章程的制定

国有独资公司章程由履行出资人职责的机构制定。

第 172 条
国有独资公司股东权的行使

国有独资公司不设股东会，由履行出资人职责的机构行使股东会职权。履行出资人职责的机构可以授权公司董事会行使股东会的部分职权，但公司章程的制定和修改，公司的合并、分立、解散、申请破产，增加或者减少注册资本，分配利润，应当由履行出资人职责的机构决定。

第 173 条
国有独资公司的董事会

❶国有独资公司的董事会依照本法规定行使职权。
❷国有独资公司的董事会成员中，应当过半数为外部董事，并应当有公司职工代表。
❸董事会成员由履行出资人职责的机构委派；但是，董事会成员中的职工代表由公司职工代表大会选举产生。
❹董事会设董事长一人，可以设副董事长。董事长、副董事长由履行出资人职责的机构从董事会成员中指定。

第 174 条
国有独资公司的经理

❶国有独资公司的经理由董事会聘任或者解聘。
❷经履行出资人职责的机构同意，董事会成员可以兼任经理。

第 175 条
国有独资公司高管人员的兼职禁止

国有独资公司的董事、高级管理人员，未经履行出资人职责的机构同意，不得在其他有限责任公司、股份有限公司或者其他经济组织兼职。

第 176 条
国有独资公司的审计委员会

国有独资公司在董事会中设置由董事组成的审计委员会行使本法规定的监事会职权的，不设监事会或者监事。

第 177 条
国家出资公司的合规建设

国家出资公司应当依法建立健全内部监督管理和风险控制制度，加强内部合规管理。

第八章 公司董事、监事、高级管理人员的资格和义务

第 178 条
高管人员的资格禁止

①有下列情形之一的，不得担任公司的董事、监事、高级管理人员：

（一）无民事行为能力或者限制民事行为能力；

（二）因贪污、贿赂、侵占财产、挪用财产或者破坏社会主义市场经济秩序，被判处刑罚，或者因犯罪被剥夺政治权利，执行期满未逾五年，被宣告缓刑的，自缓刑考验期满之日起未逾二年；

（三）担任破产清算的公司、企业的董事或者厂长、经理，对该公司、企业的破产负有个人责任的，自该公司、企业破产清算完结之日起未逾三年；

（四）担任因违法被吊销营业执照、责令关闭的公司、企业的法定代表人，并负有个人

责任的，自该公司、企业被吊销营业执照、责令关闭之日起未逾三年；

（五）个人因所负数额较大债务到期未清偿被人民法院列为失信被执行人。

❷违反前款规定选举、委派董事、监事或者聘任高级管理人员的，该选举、委派或者聘任无效。

❸董事、监事、高级管理人员在任职期间出现本条第一款所列情形的，公司应当解除其职务。

第 179 条
高管人员的义务

董事、监事、高级管理人员应当遵守法律、行政法规和公司章程。

第 180 条
忠实、勤勉义务

❶董事、监事、高级管理人员对公司负有忠实义务，应当采取措施避免自身利益与公司利益冲突，不得利用职权牟取不正当利益。

❷董事、监事、高级管理人员对公司负有勤勉义务，执行职务应当为公司的最大利益尽到管理者通常应有的合理注意。

③公司的控股股东、实际控制人不担任公司董事但实际执行公司事务的，适用前两款规定。

重点解读

本条规定了董事、监事和高级管理人员的忠实义务和勤勉义务。根据信托的原理，董事经营公司时应将公司利益置于自身利益之上，在可能存在利益冲突时，应当以公司利益优先。该条规定了勤勉义务的一般标准，勤勉义务是指公司管理者在执行事务时应当谨慎、认真、尽职尽责，致力于实现公司最佳利益。根据本条的规定，勤勉义务的标准为：（1）为公司最大利益；（2）合理注意。在理解勤勉义务时应注意两点：第一，相对于法律上的概念来说，勤勉义务是一种抽象的类型式思维，其很难被精确定义；第二，勤勉义务规范是事后的审查标准，适用时需要具体化和类型化。在理论和实践中，勤勉义务的抗辩规则是商业判断规则，但本条并未就此作出规定。域外立法中，《德国股份法》第93条规定了商业判断规则及勤勉义务损害赔偿的证明责任规范，对此可资参照。本条还规定了影子董事或者事实董事制度。在实践中公司的控股股东、实际控制人实际上拥有董事的权力，但是却因其不具有董事身份而无法适用董事义务规定，这是不合理的，因而本条规定事实董事也对公司负有忠实和勤勉义务。在理解时注意本条第2款规定的事实董事与第192条影子董事的区别。

推荐阅读

王保树、杨继:《论股份公司控制股东的义务与责任》，载《法学》2002年第2期；蔡元庆:《董事责任的追究和经营判断的原则》，载《现代法学》2002年第4期；任自力:《公司董事的勤勉义务标准研究》，载《中国法学》2008年第6期；邓峰:《业务判断规则的进化和理性》，载《法学》2008年第2期；王军:《公司经营者忠实和勤勉义务诉讼研究——以14省、直辖市的137件判决书为样本》，载《北方法学》2011年第4期；梁爽:《董事信义义务结构重组及对中国模式的反思——以美、日商业判断规则的运用为借镜》，载《中外法学》2016年第1期；叶林:《董事忠实义务及其扩张》，载《政治与法律》2021年第2期；刘斌:《重塑董事范畴：从形式主义迈向实质主义》，载《比较法研究》2021年第5期；王真真:《董事勤勉义务制度的利益衡量与内涵阐释》，载《财经法学》2022年第3期；冯琴:《商业判断规则在我国的适用研究》，载《财经法学》2023年第6期；陈洪磊:《公司董事合规义务的制度建构》，载《财经法学》2023年第6期；林少伟:《董事义务研究》，法律出版社2023年版。

第181条 董事、监事、高管人员的禁止行为

董事、监事、高级管理人员不得有下列行为：

（一）侵占公司财产、挪用公司资金；

（二）将公司资金以其个人名义或者以其他个人名义开立账户存储；

（三）利用职权贿赂或者收受其他非法收入；

（四）接受他人与公司交易的佣金归为己有；

（五）擅自披露公司秘密；

（六）违反对公司忠实义务的其他行为。

第182条
董事、监事、高管人员与本公司交易的程序

❶董事、监事、高级管理人员，直接或者间接与本公司订立合同或者进行交易，应当就与订立合同或者进行交易有关的事项向董事会或者股东会报告，并按照公司章程的规定经董事会或者股东会决议通过。

❷董事、监事、高级管理人员的近亲属，董事、监事、高级管理人员或者其近亲属直接或者间接控制的企业，以及与董事、监事、高级管理人员有其他关联关系的关联人，与公司订立合同或者进行交易，适用前款规定。

重点解读

本条规定了公司管理者关联交易时的披露义务和批准制度。由于在关联交易中，管理者自身就是交易的相对方，从理性人的角度看存在损害公司利益的可能，因而本条规定了此时董事负有向公司披露的义务，并且该笔交易应当经过董事会或者股东会批准。除了直接从事关联交易外，管理者也可能通过比较隐蔽的间接方式，这种情形也属于关联交易。

本条第 2 款还列举了关联人的范围。主要有四类：(1) 董事、监事、高级管理人员的近亲属；(2) 董事、监事、高级管理人员直接或者间接控制的企业；(3) 董事、监事、高级管理人员近亲属直接或者间接控制的企业；(4) 与董事、监事、高级管理人员有其他关联关系的关联人。由于前述关联人与公司进行交易时，和董事、监事、高级管理人员直接或者间接与公司交易同样具有利益冲突的可能，二者法律事实具有共同特征，因而在法律评价上也是同一的，所以前述关联人与公司订立合同或者发生交易的，适用第 1 款的规定。

推荐阅读

李建伟：《关联交易的法律规制》，法律出版社 2007 年版，第 233~384 页；李文莉：《非公允关联交易的监管制度研究——以上市公司并购为中心》，法律出版社 2013 年版，第 184~260 页；钟凯：《公司法实施中的关联交易法律问题研究》，中国政法大学出版社 2015 年版，第 183~293 页；Renier Kraakman et al.，*The Anatomy of Corporate Law*，3rd edition，Oxford University Press，2017，p.145−171。

第 183 条
谋取公司商业机会的禁止及例外

董事、监事、高级管理人员，不得利用职务便利为自己或者他人谋取属于公司的商业机会。但是，有下列情形之一的除外：

（一）向董事会或者股东会报告，并按照公司章程的规定经董事会或者股东会决议通过；

（二）根据法律、行政法规或者公司章程的规定，公司不能利用该商业机会。

重点解读

本条规定了禁止侵占公司商业机会及其例外情形。公司管理者经营公司的过程中更有可能接触公司正在洽谈的交易，由于管理者可能利用其职务便利将公司的交易机会归自己所有，该行为对公司是不公平的。但是考虑到商业机会的商业价值，本条规定了例外情形：第一，若管理者已经向公司进行披露并且公司同意其利用该商业机会的；第二，公司不能利用该商业机会的。第2项强调判断公司不能时应当根据“法律、行政法规或者公司章程的规定”，从文义解释上看这主要是指法律上不能，比如公司不能从事特定的交易，但是否包括公司因财务上不能利用商业机会值得进一步探究。

请求权基础提示：本条实为不完全法条，该条第1句与第186条结合，构成了董事、监事、高级管理人员违反规定利用公司机会时公司可行使归入权的请求权基础。而本条第2句则构成公司请求权的阻却事由或者董事、监事、高级管理人员的抗辩事由。

推荐阅读

冯果:《“禁止篡夺公司机会”规则探究》，载《中国法学》2010年第1期；沈贵明:《公司商业机会的司法认定》，载《法学》2019年第6期；袁崇霖:《公司机会规则的反思与体系建构》，载《法学研究》2022 年第 2 期；Franklin A. Gevurtz，*Corporation Law*，3rd edition，West Academic Publishing，2021，p.386-405。

第 184 条
经营同类业务的限制

董事、监事、高级管理人员未向董事会或者股东会报告，并按照公司章程的规定经董事会或者股东会决议通过，不得自营或者为他人经营与其任职公司同类的业务。

第 185 条
关联董事的回避表决

董事会对本法第一百八十二条至第一百八十四条规定的事项决议时，关联董事不得参与表决，其表决权不计入表决权总数。出席董事会会议的无关联关系董事人数不足三人的，应当将该事项提交股东会审议。

交叉引用

第 182 条　董事、监事、高级管理人员，直接或者间接与本公司订立合同或者进行交易，应当就与订立合同或者进行交易有关的事项向董事会或者股东会报告，并按照公司章程的规定经董事会或者股东会决议通过。

董事、监事、高级管理人员的近亲属，董事、监事、高级管理人员或者其近亲属直接或者间接控制的企业，以及与董事、监事、高级管理人员有其他关联关系的关联人，与公司订立合同或者进行交易，适用前款规定。

第183条　董事、监事、高级管理人员，不得利用职务便利为自己或者他人谋取属于公司的商业机会。但是，有下列情形之一的除外：

（一）向董事会或者股东会报告，并按照公司章程的规定经董事会或者股东会决议通过；

（二）根据法律、行政法规或者公司章程的规定，公司不能利用该商业机会。

第184条　董事、监事、高级管理人员未向董事会或者股东会报告，并按照公司章程的规定经董事会或者股东会决议通过，不得自营或者为他人经营与其任职公司同类的业务。

第186条
董事、监事、高管人员违规收入的处理

董事、监事、高级管理人员违反本法第一百八十一条至第一百八十四条规定所得的收入应当归公司所有。

重点解读

本条规定了关联交易损害公司利益时公司的归入权。公司管理者从事关联交易、侵占公司商业机会以及违反竞业禁止规定获利的，应当将其获利交给公司。由于管理者从事上述行为实际上是不当地取得了公司本应当获得的利益，因而应当将其获利交给公司。在理解本条时注意，本条规定的请求权主体和请求程序。董事会或者监事会应当向违法获利的管理者主张，在董事会或者监事会不主张时，股东可根据股东代表诉讼规定提起相关诉讼。

请求权基础提示：本条规定了归入权的请求权基础。请求权行使主体为公司，相对人是公司董事、监事和高级管理人员。

推荐阅读

周淳:《公司归入权的体系定位与规范构造》，载《财经法学》2021 年第 3 期。

交叉引用

第 181 条　董事、监事、高级管理人员不得有下列行为：

（一）侵占公司财产、挪用公司资金；

（二）将公司资金以其个人名义或者以其他个人名义开立账户存储；

（三）利用职权贿赂或者收受其他非法收入；

（四）接受他人与公司交易的佣金归为己有；

（五）擅自披露公司秘密；

（六）违反对公司忠实义务的其他行为。

第 182 条　董事、监事、高级管理人员，直接或者间接与本公司订立合同或者进行交易，应当就与订立合同或者进行交易有关的事项向董事会或者股东会报告，并按照公司章程的规定经董事会或者股东会决议通过。

董事、监事、高级管理人员的近亲属，董事、监事、高级管理人员或者其近亲属直接或者间接控制的企业，以及与董事、监事、高级管理人员有其他关联关系的关联人，与公司订立合同或者进行交易，适用前款规定。

第 183 条　董事、监事、高级管理人员，不得利用职务便利为自己或者他人谋取属于公司的商业机会。但是，有下列情形之一的除外：

（一）向董事会或者股东会报告，并按照公司章程的规定经董事会或者股东会决议通过；

（二）根据法律、行政法规或者公司章程的规定，公司不能利用该商业机会。

第 184 条　董事、监事、高级管理人员未向董事会或者股东会报告，并按照公司章程的规定经董事会或者股东会决议通过，不得自营或者为他人经营与其任职公司同类的业务。

第 187 条
董事、监事、高管人员对股东会的义务

股东会要求董事、监事、高级管理人员列席会议的，董事、监事、高级管理人员应当列席并接受股东的质询。

第 188 条
董事、监事、高管人员的损害赔偿责任

董事、监事、高级管理人员执行职务违反法律、行政法规或者公司章程的规定，给公司造成损失的，应当承担赔偿责任。

重点解读

本条规定了董事、监事、高级管理人员违反法律、行政法规或者公司章程给公司造成损失时对公司负有赔偿责任。

请求权基础提示：在理解时注意本条与第189条共同构成股东派生诉讼的请求权基础。

第189条
公司及全资子公司权益受损的股东救济

❶董事、高级管理人员有前条规定的情形的，有限责任公司的股东、股份有限公司连续一百八十日以上单独或者合计持有公司百分之一以上股份的股东，可以书面请求监事会向人民法院提起诉讼；监事有前条规定的情形的，前述股东可以书面请求董事会向人民法院提起诉讼。

❷监事会或者董事会收到前款规定的股东书面请求后拒绝提起诉讼，或者自收到请求之日起三十日内未提起诉讼，或者情况紧急、不立即提起诉讼将会使公司利益受到难以弥补的损害的，前款规定的股东有权为公司利益以自己的名义直接向人民法院提起诉讼。

❸他人侵犯公司合法权益，给公司造成损失的，本条第一款规定的股东可以依照前两款的规定向人民法院提起诉讼。

❹公司全资子公司的董事、监事、高级管理人员有前条规定情形，或者他人侵犯公司全

资子公司合法权益造成损失的，有限责任公司的股东、股份有限公司连续一百八十日以上单独或者合计持有公司百分之一以上股份的股东，可以依照前三款规定书面请求全资子公司的监事会、董事会向人民法院提起诉讼或者以自己的名义直接向人民法院提起诉讼。

重点解读

本条规定了股东代表诉讼的条件和程序。公司利益受到侵害时，原则上应当由公司自身维护其合法权益，因为只有公司才具有诉的利益，但是当管理者侵害公司利益时，由于其往往能够控制公司的意思，此时让公司提起诉讼无异于让管理者自己起诉自己，是不现实的。因而本条规定符合条件的股东可以为了公司的利益以自己的名义起诉。但是在起诉前应当完成内部救济程序，即股东应当先请求监事会或者董事会起诉，只有被拒绝或者情况紧急时，股东才能以自己名义直接起诉。

本条第 3 款还规定了他人侵犯公司合法权益时，股东可依照前两款的规定起诉。在理解时应注意，这里的他人应当作限缩解释，并不是除董事、监事、高级管理人员以外的任何人都属于这里的他人。股东代表诉讼主要解决的是公司管理者既是公司利益的侵害者，又是公司控制者，公司内部治理机制失灵导致无法有效维护公司利益的问题。比如股东、债权人侵犯公司利益给公司造成损失的，董事会不去起诉实际上是违反信义义务的行为，股东可据此追究董事信义义务责任，而无须赋予股东直接越过公司起诉的权利。

本条新增了双重代表诉讼制度。

请求权基础提示：本条规定了股东提起派生诉讼的请求权行使条件及内部交叉请求程序。

推荐阅读

沈贵明:《二重派生诉讼适格原告要件的构建》，载《法制与社会发展》2015年第2期；钱玉林:《〈公司法〉第151条的漏洞及其填补》，载《现代法学》2015年第3期；葛伟军:《股东代表诉讼的制度架构及其完善》，载蒋锋、卢文道主编:《证券法苑》(第28卷)，法律出版社2020年版；梁上上:《公司正义——以公司股东的权责配置为视角展开》，法律出版社2022年版，第93~130页；李建伟:《股东双重派生诉讼的制度构成与规范表达》，载《社会科学研究》2023年第2期。

第190条 股东权益受损的诉讼

董事、高级管理人员违反法律、行政法规或者公司章程的规定，损害股东利益的，股东可以向人民法院提起诉讼。

重点解读

本条规定的是股东直接诉讼。董事、高级管理人员损害股东利益的，本质上属于侵权责任，股东对此损害有诉的利益，可以直接提起诉讼。在理解时注意本条与第 189 条规定的股东派生诉讼之间的区别。

请求权基础提示：本条规定的请求权主体是公司股东，在其利益受到损害时，可以向加害人请求承担相应的责任。

第 191 条
董事、高管人员职务侵权行为的责任承担

董事、高级管理人员执行职务，给他人造成损害的，公司应当承担赔偿责任；董事、高级管理人员存在故意或者重大过失的，也应当承担赔偿责任。

重点解读

本条规定了董事和高级管理人员对第三人的责任。传统上认为董事和高级管理人员属于公司经营管理机构的工作人员，其执行职务的行为效果归属于公司，因而造成侵权时也应当由公司对外承担责任，本条规定了这种情况一般应当由公司承担赔偿责任。实践中可能会出现公司无力赔偿的情形，因而本条例外地规定董事和高级管理人员对他人的赔偿责任，但是董事和高级管理人员对外承担责任仅限于存在故意或者重大过失的情形。在归责原则上，该条规定的是故意或者重大过失，即过错原则，而《证券法》第 85 条规定违反信息披露义务的董事、监事和高级管理人员的归责原则是过错推定原则，且责任性质为连带责任。不过由于《证券法》属于特别规定，因而在违反信息披露义务给他人造成损失时，优先适用《证券法》的规定。在理解时应注意的是，本条并未明确董事、高级管理人员与公司之间究竟是连带责任还是补充责任，从本条立法目的来看，应解释为补充赔偿责任较为妥当。不过从比较上来看，由董事和高级管理人员直接对外向第三人承担责任是极其例外的情形，与刺破公司面纱规范类似，在适用时应当慎重。

请求权基础提示：本条规定的“他人”是指公司外部的第三人，不包括股东，请求权行使相对人是公司和董事、高级管理人员，责任承担方式为损害赔偿。

推荐阅读

陈景善:《论董事对第三人责任的认定与适用中的问题点——以日本法规定为中心》，载《比较法研究》2013 年第 5 期；王长华:《公司法人机关理论的再认识——以董事对第三人的责任为视角》，载《法学杂志》2020 年第 6 期；王长华:《董事对公司债权人的责任研究》，法律出版社 2020 年版，第 115~235 页；岳万兵:《董事对第三人责任的公司法进路》，载《环球法律评论》2023 年第 1 期。

第 192 条

控股股东、实际控制人和董事、高管人员的连带责任

公司的控股股东、实际控制人指示董事、高级管理人员从事损害公司或者股东利益的行为的，与该董事、高级管理人员承担连带责任。

本条规定了控股股东、实际控制人指示董事、高级管理人员侵害公司或者股东利益时的民事责任，在英国也被称为影子董事制度。该条可以看作公司法上规定的一种法定责任，从损害赔偿法的一般原理来看，损害赔偿责任的请求权基础，主要产生于合同、无因管理、不当得利、侵权行为、法律规定等关系。该条的法理基础似为《民法典》第1168条规定的有意思联络的共同侵权。公司控股股东和实际控制人往往能左右董事和高级管理人员的行为，董事从事侵害公司或者股东利益的行为往往是在控股股东和实际控制人的操纵和指示下完成的，此时在行为模式上与侵权法中有意思联络的共同侵权较为类似，因而本条规定由指示者和行为人承担连带责任。本条在适用中的难题在于对“指示”行为的证明。对于公司或者股东来说如何证明控股股东、实际控制人与董事、高级管理人员之间的意思联络，可能需要借助查阅权等方式实现。

第193条 董事责任保险

❶公司可以在董事任职期间为董事因执行公司职务承担的赔偿责任投保责任保险。

❷公司为董事投保责任保险或者续保后，董事会应当向股东会报告责任保险的投保金额、承保范围及保险费率等内容。

重点解读

本条规定了董事责任保险制度。公司经营管理中充满商业风险，如果对董事施加过重的责任，可能会导致董事为了避免责任而选择那些没有风险但收益极低的项目，最终反而不利于公司和股东的利益。公司可以选择为董事购买责任保险，从而保护董事。

第九章　公司债券

第 194 条
公司债券的概念和发行方式、发行条件

❶本法所称公司债券，是指公司发行的约定按期还本付息的有价证券。

❷公司债券可以公开发行，也可以非公开发行。

❸公司债券的发行和交易应当符合《中华人民共和国证券法》等法律、行政法规的规定。

第 195 条
公司债券募集办法

❶公开发行公司债券，应当经国务院证券监督管理机构注册，公告公司债券募集办法。

❷公司债券募集办法应当载明下列主要事项：

（一）公司名称；

（二）债券募集资金的用途；

（三）债券总额和债券的票面金额；

（四）债券利率的确定方式；

（五）还本付息的期限和方式；

（六）债券担保情况；
（七）债券的发行价格、发行的起止日期；
（八）公司净资产额；
（九）已发行的尚未到期的公司债券总额；
（十）公司债券的承销机构。

第 196 条
纸面债券票面的记载事项

公司以纸面形式发行公司债券的，应当在债券上载明公司名称、债券票面金额、利率、偿还期限等事项，并由法定代表人签名，公司盖章。

第 197 条
记名债券

公司债券应当为记名债券。

第 198 条
公司债券持有人名册

❶公司发行公司债券应当置备公司债券持有人名册。
❷发行公司债券的，应当在公司债券持有人名册上载明下列事项：
（一）债券持有人的姓名或者名称及住所；

（二）债券持有人取得债券的日期及债券的编号；
（三）债券总额，债券的票面金额、利率、还本付息的期限和方式；
（四）债券的发行日期。

第199条
公司债券的登记结算

公司债券的登记结算机构应当建立债券登记、存管、付息、兑付等相关制度。

第200条
公司债券转让

❶公司债券可以转让，转让价格由转让人与受让人约定。
❷公司债券的转让应当符合法律、行政法规的规定。

第201条
公司债券的转让方式

公司债券由债券持有人以背书方式或者法律、行政法规规定的其他方式转让；转让后由公司将受让人的姓名或者名称及住所记载于公司债券持有人名册。

第 202 条
可转换公司债券的发行

❶股份有限公司经股东会决议，或者经公司章程、股东会授权由董事会决议，可以发行可转换为股票的公司债券，并规定具体的转换办法。上市公司发行可转换为股票的公司债券，应当经国务院证券监督管理机构注册。

❷发行可转换为股票的公司债券，应当在债券上标明可转换公司债券字样，并在公司债券持有人名册上载明可转换公司债券的数额。

第 203 条
可转换公司债券的转换

发行可转换为股票的公司债券的，公司应当按照其转换办法向债券持有人换发股票，但债券持有人对转换股票或者不转换股票有选择权。法律、行政法规另有规定的除外。

第 204 条
债券持有人会议

❶公开发行公司债券的，应当为同期债券持有人设立债券持有人会议，并在债券募集办法中对债券持有人会议的召集程序、会议规则和其他重要事项作出规定。债券持有人会

议可以对与债券持有人有利害关系的事项作出决议。

❷除公司债券募集办法另有约定外，债券持有人会议决议对同期全体债券持有人发生效力。

第205条
债券受托管理人

公开发行公司债券的，发行人应当为债券持有人聘请债券受托管理人，由其为债券持有人办理受领清偿、债权保全、与债券相关的诉讼以及参与债务人破产程序等事项。

第206条
债券受托管理人的义务

❶债券受托管理人应当勤勉尽责，公正履行受托管理职责，不得损害债券持有人利益。

❷受托管理人与债券持有人存在利益冲突可能损害债券持有人利益的，债券持有人会议可以决议变更债券受托管理人。

❸债券受托管理人违反法律、行政法规或者债券持有人会议决议，损害债券持有人利益的，应当承担赔偿责任。

第十章　公司财务、会计

第 207 条
公司财务与会计制度

公司应当依照法律、行政法规和国务院财政部门的规定建立本公司的财务、会计制度。

第 208 条
财务会计报告

❶公司应当在每一会计年度终了时编制财务会计报告，并依法经会计师事务所审计。

❷财务会计报告应当依照法律、行政法规和国务院财政部门的规定制作。

第 209 条
财务会计报告的公示

❶有限责任公司应当按照公司章程规定的期限将财务会计报告送交各股东。

❷股份有限公司的财务会计报告应当在召开股东会年会的二十日前置备于本公司，供股东查阅；公开发行股份的股份有限公司应当

公告其财务会计报告。

第 210 条
法定公积金与任意公积金

❶公司分配当年税后利润时，应当提取利润的百分之十列入公司法定公积金。公司法定公积金累计额为公司注册资本的百分之五十以上的，可以不再提取。

❷公司的法定公积金不足以弥补以前年度亏损的，在依照前款规定提取法定公积金之前，应当先用当年利润弥补亏损。

❸公司从税后利润中提取法定公积金后，经股东会决议，还可以从税后利润中提取任意公积金。

❹公司弥补亏损和提取公积金后所余税后利润，有限责任公司按照股东实缴的出资比例分配利润，全体股东约定不按照出资比例分配利润的除外；股份有限公司按照股东所持有的股份比例分配利润，公司章程另有规定的除外。

❺公司持有的本公司股份不得分配利润。

第 211 条 违规分配利润的法律责任

公司违反本法规定向股东分配利润的，股东应当将违反规定分配的利润退还公司；给公司造成损失的，股东及负有责任的董事、监事、高级管理人员应当承担赔偿责任。

重点解读

本条规定了违法分配利润时股东的返还义务和相关责任人员的赔偿责任。公司在向股东分配利润前应当先弥补亏损和提取法定公积金，违反该规定分配的侵害公司利益，股东应当返还，注意当接受分配的股东为善意时无返还义务。公司分配利润时须经董事会制定分配方案并经股东会批准，因而违反规定分配，给公司造成损失的，实为注意义务的违反，负有责任的主体应当对公司承担赔偿责任。值得注意的是，当公司不能清偿到期债务时，债权人能否主张公司的请求权？应当认为，此时可适用《民法典》第 535 条关于债权人代位求偿的相关规定。若公司进入破产程序，可由管理人行使相应的权利。

推荐阅读

于莹、司耕旭:《重思公司分配行为的约束机制：以偿债能力测试的借鉴为中心》，载《清华法学》2023 年第 1 期；吴飞飞:《资本维持原则的当下意蕴及其对偿债能力测试的借鉴》，载《政法论坛》2023 年第 4 期。

第 212 条 利润分配时限

股东会作出分配利润的决议的，董事会应当在股东会决议作出之日起六个月内进行分配。

重点解读

本条规定了公司作出利润分配决议后的履行期限。一般认为，股东会作出利润分配决议后，股东的利润分配期待权转化为具体的利润分配请求权，此时在公司和股东之间成立债权债务关系。实践中公司作出分配决议时可能没有确定分配时间，因而本条规定董事会应当在股东会决议作出之日起六个月内履行，从而保护股东分红债权的实现。当然公司章程或者股东会决议明确了分配时间的按照其规定的时间分配即可，公司不履行的，股东可以提起诉讼。

请求权基础提示：公司作出利润分配决议后，股东可以向公司主张利润分配请求权。

第 213 条 公司资本公积金

公司以超过股票票面金额的发行价格发行股份所得的溢价款、发行无面额股所得股款未计入注册资本的金额以及国务院财政部门规定列入资本公积金的其他项目，应当列为公司资本公积金。

第 214 条
公积金的用途

❶公司的公积金用于弥补公司的亏损、扩大公司生产经营或者转为增加公司注册资本。

❷公积金弥补公司亏损，应当先使用任意公积金和法定公积金；仍不能弥补的，可以按照规定使用资本公积金。

❸法定公积金转为增加注册资本时，所留存的该项公积金不得少于转增前公司注册资本的百分之二十五。

第 215 条
聘用、解聘会计师事务所

❶公司聘用、解聘承办公司审计业务的会计师事务所，按照公司章程的规定，由股东会、董事会或者监事会决定。

❷公司股东会、董事会或者监事会就解聘会计师事务所进行表决时，应当允许会计师事务所陈述意见。

第 216 条
真实提供会计资料

公司应当向聘用的会计师事务所提供真实、完整的会计凭证、会计账簿、财务会计报告及其他会计资料，不得拒绝、隐匿、谎报。

第 217 条
会计账簿

❶公司除法定的会计账簿外，不得另立会计账簿。

❷对公司资金，不得以任何个人名义开立账户存储。

第十一章 公司合并、分立、增资、减资

第 218 条
公司合并

❶公司合并可以采取吸收合并或者新设合并。

❷一个公司吸收其他公司为吸收合并，被吸收的公司解散。两个以上公司合并设立一个新的公司为新设合并，合并各方解散。

第 219 条
公司简易合并

❶公司与其持股百分之九十以上的公司合并，被合并的公司不需经股东会决议，但应当通知其他股东，其他股东有权请求公司按照合理的价格收购其股权或者股份。

❷公司合并支付的价款不超过本公司净资产百分之十的，可以不经股东会决议；但是，公司章程另有规定的除外。

❸公司依照前两款规定合并不经股东会决议

的，应当经董事会决议。

重点解读

本条规定了简易合并制度。一般而言，公司合并属于公司的重大变更，因而须经双方公司董事会的同意和股东会批准。但是当被合并的公司被合并公司绝对控制时，要求被合并公司的股东会批准没有意义。因为根据公司法的规定，合并事项经 2/3 以上表决权的股东通过即可，公司持有被合并公司 90% 以上的股份时，显然其他少数股东的反对也无法阻止合并决议通过，故公司法规定被合并公司不需经股东会决议。但是需经董事会决议。

对于合并公司来说，合并资产所支付的价款不超过公司净资产 10% 的，对公司和股东权利影响较小，因而无须召开股东会，只需董事会决议即可。

第 220 条

公司合并的程序

公司合并，应当由合并各方签订合并协议，并编制资产负债表及财产清单。公司应当自作出合并决议之日起十日内通知债权人，并于三十日内在报纸上或者国家企业信用信息公示系统公告。债权人自接到通知之日起三十日内，未接到通知的自公告之日起四十五日内，可以要求公司清偿债务或者提供相应的担保。

第 221 条
公司合并债权债务的承继

公司合并时，合并各方的债权、债务，应当由合并后存续的公司或者新设的公司承继。

第 222 条
公司分立

❶公司分立，其财产作相应的分割。

❷公司分立，应当编制资产负债表及财产清单。公司应当自作出分立决议之日起十日内通知债权人，并于三十日内在报纸上或者国家企业信用信息公示系统公告。

第 223 条
公司分立前的债务承担

公司分立前的债务由分立后的公司承担连带责任。但是，公司在分立前与债权人就债务清偿达成的书面协议另有约定的除外。

第 224 条
公司减资

❶公司减少注册资本，应当编制资产负债表及财产清单。

❷公司应当自股东会作出减少注册资本决议

之日起十日内通知债权人，并于三十日内在报纸上或者国家企业信用信息公示系统公告。债权人自接到通知之日起三十日内，未接到通知的自公告之日起四十五日内，有权要求公司清偿债务或者提供相应的担保。

❸公司减少注册资本，应当按照股东出资或者持有股份的比例相应减少出资额或者股份，法律另有规定、有限责任公司全体股东另有约定或者股份有限公司章程另有规定的除外。

重点解读

本条规定了公司减资时应当履行债权人保护程序以及减资时的比例问题。公司减少注册资本，可能会导致公司的清偿能力下降，对债权人影响较大，因而本条规定应当向债权人履行通知义务，债权人可要求公司提前清偿债务或者提供担保。对股东来说，减资意味着总的注册资本发生变化，各个股东的权益也随之发生变化，为了不改变公司的股权结构，本条规定了原则上应当等比例减资，除非法律另有规定或者公司章程另有约定。违法减资制度与利润分配、回购、抽逃出资等共同构成公司资本的流出规则。

请求权基础提示：本条规定了公司减资时，债权人要求公司清偿或者提供担保的请求权基础。注意公司违法减资时，本条可与第 266 条共同构成债权人的请求权基础。

推荐阅读

刘斌:《认真对待公司清偿能力模式》，载《法律科学（西北政法大学学报）》2021 年第 4 期；皮正德:《公司减资制度的缺陷与重构》，载《商业研究》2022 年第 6 期。

第 225 条

公司简易减资

❶公司依照本法第二百一十四条第二款的规定弥补亏损后，仍有亏损的，可以减少注册资本弥补亏损。减少注册资本弥补亏损的，公司不得向股东分配，也不得免除股东缴纳出资或者股款的义务。

❷依照前款规定减少注册资本的，不适用前条第二款的规定，但应当自股东会作出减少注册资本决议之日起三十日内在报纸上或者国家企业信用信息公示系统公告。

❸公司依照前两款的规定减少注册资本后，在法定公积金和任意公积金累计额达到公司注册资本百分之五十前，不得分配利润。

重点解读

本条规定了形式减资制度。公司注册资本与公司资产往往并不对应，在公司经营过程中，由于公司注册资本不得直接用于弥补亏损，因而当公司注册资本很高，但是出现亏损时，公司的公积金等储备不足以弥补亏损时，此时在会计上可以减少注册资本，在所有者权益科目内进行调整，将其记为其他可以用来弥补亏损的科目，从而实现会计处理。因形式减资并未导致公司资产流向股东，公司资产并未减少，因而本条并未规定债权人要求公司提供担保或者提前清偿的请求权基础。程序上只需要在报纸或者国家企业信用信息公示系统中进行公示即可。

第226条 违法减资的法律后果

违反本法规定减少注册资本的，股东应当退还其收到的资金，减免股东出资的应当恢复原状；给公司造成损失的，股东及负有责任的董事、监事、高级管理人员应当承担赔偿责任。

重点解读

本条规定了违法减资时的法律责任。违反法律规定减资既侵害了公司的法人财产权，也使得法律规定的债权人保护程序被规避。从性质上看，通过违法减资向股东返还财产的，对股东而言属于不当得利，应当予以返还，减免出资义务的应当恢复到减资前的状态。公司管理者参与违法减资行为，实为注意义务的违反，给公司造成损失的，应当承担赔偿责任。

推荐阅读

余斌:《公司未通知债权人减资效力研究——基于50个案例的

实证分析》，载《政治与法律》2018年第3期；薛波：《公司减资违反通知义务时股东的赔偿责任——〈最高人民法院公报〉载“德力西案”评释》，载《北方法学》2019年第3期；王军：《公司资本制度》，北京大学出版社2022年版，第440~474页。

第227条
股东的优先认购权

❶有限责任公司增加注册资本时，股东在同等条件下有权优先按照实缴的出资比例认缴出资。但是，全体股东约定不按照出资比例优先认缴出资的除外。

❷股份有限公司为增加注册资本发行新股时，股东不享有优先认购权，公司章程另有规定或者股东会决议决定股东享有优先认购权的除外。

第228条
公司增资

❶有限责任公司增加注册资本时，股东认缴新增资本的出资，依照本法设立有限责任公司缴纳出资的有关规定执行。

❷股份有限公司为增加注册资本发行新股时，股东认购新股，依照本法设立股份有限公司缴纳股款的有关规定执行。

第十二章　公司解散和清算

第 229 条
公司解散原因

❶公司因下列原因解散：

（一）公司章程规定的营业期限届满或者公司章程规定的其他解散事由出现；

（二）股东会决议解散；

（三）因公司合并或者分立需要解散；

（四）依法被吊销营业执照、责令关闭或者被撤销；

（五）人民法院依照本法第二百三十一条的规定予以解散。

❷公司出现前款规定的解散事由，应当在十日内将解散事由通过国家企业信用信息公示系统予以公示。

第 230 条
公司存续

❶公司有前条第一款第一项、第二项情形，且尚未向股东分配财产的，可以通过修改公司章程或者经股东会决议而存续。

❷依照前款规定修改公司章程或者经股东会决议，有限责任公司须经持有三分之二以上表决权的股东通过，股份有限公司须经出席股东会会议的股东所持表决权的三分之二以上通过。

第 231 条
请求法院解散公司

公司经营管理发生严重困难，继续存续会使股东利益受到重大损失，通过其他途径不能解决的，持有公司百分之十以上表决权的股东，可以请求人民法院解散公司。

第 232 条
清算组及清算义务人

❶公司因本法第二百二十九条第一款第一项、第二项、第四项、第五项规定而解散的，应当清算。董事为公司清算义务人，应当在解散事由出现之日起十五日内组成清算组进行清算。

❷清算组由董事组成，但是公司章程另有规定或者股东会决议另选他人的除外。

❸清算义务人未及时履行清算义务，给公司或者债权人造成损失的，应当承担赔偿责任。

重点解读

本条规定了清算义务人及其责任和清算组成员。公司解散后应当及时进行清算从而了解债权债务关系。清算义务人负责及时启动清算程序，由于在清算阶段公司并未注销，清算事务仍属广义的公司经营管理，因而董事作为清算义务人是合适的。由于董事对公司的状况更为了解，因而由董事担任清算组成员能够更好地厘清债权债务关系，但是也不排除有些公司中股东或者其他人员也实际参与公司管理，因而公司章程或者股东会决议还可规定其他人作为清算组成员。清算义务人未及时启动清算程序，可能导致公司财产或者账册灭失而无法进行清算，给公司或者债权人造成损失的应当承担赔偿责任。

请求权基础提示：本条第 3 款规定了债权人因未及时清算受有损失时可向清算义务人要求损害赔偿的请求权基础。

推荐阅读

李建伟:《公司清算义务人基本问题研究》，载《北方法学》2010 年第 2 期；梁上上:《有限公司股东清算义务人地位质疑》，载《中国法学》2019 年第 2 期；林一英:《公司清算制度的修改——以经营异常公司的退出为视角》，载《法律适用》2021 年第 7 期。

交叉引用

第 229 条　公司因下列原因解散：

（一）公司章程规定的营业期限届满或者公司章程规定的其他解散事由出现；

（二）股东会决议解散；

（三）因公司合并或者分立需要解散；

（四）依法被吊销营业执照、责令关闭或者被撤销；

（五）人民法院依照本法第二百三十一条的规定予以解散。

公司出现前款规定的解散事由，应当在十日内将解散事由通过国家企业信用信息公示系统予以公示。

第 233 条
申请法院指定清算组

❶公司依照前条第一款的规定应当清算，逾期不成立清算组进行清算或者成立清算组后不清算的，利害关系人可以申请人民法院指定有关人员组成清算组进行清算。人民法院应当受理该申请，并及时组织清算组进行清算。

❷公司因本法第二百二十九条第一款第四项的规定而解散的，作出吊销营业执照、责令关闭或者撤销决定的部门或者公司登记机关，可以申请人民法院指定有关人员组成清算组进行清算。

第 234 条
清算组的职权

清算组在清算期间行使下列职权：

（一）清理公司财产，分别编制资产负债表和财产清单；

（二）通知、公告债权人；

（三）处理与清算有关的公司未了结的业务；

（四）清缴所欠税款以及清算过程中产生的税款；

（五）清理债权、债务；

（六）分配公司清偿债务后的剩余财产；

（七）代表公司参与民事诉讼活动。

第 235 条

债权人申报债权

❶清算组应当自成立之日起十日内通知债权人，并于六十日内在报纸上或者国家企业信用信息公示系统公告。债权人应当自接到通知之日起三十日内，未接到通知的自公告之日起四十五日内，向清算组申报其债权。

❷债权人申报债权，应当说明债权的有关事项，并提供证明材料。清算组应当对债权进行登记。

❸在申报债权期间，清算组不得对债权人进行清偿。

第 236 条
清算程序

❶清算组在清理公司财产、编制资产负债表和财产清单后，应当制订清算方案，并报股东会或者人民法院确认。

❷公司财产在分别支付清算费用、职工的工资、社会保险费用和法定补偿金，缴纳所欠税款，清偿公司债务后的剩余财产，有限责任公司按照股东的出资比例分配，股份有限公司按照股东持有的股份比例分配。

❸清算期间，公司存续，但不得开展与清算无关的经营活动。公司财产在未依照前款规定清偿前，不得分配给股东。

第 237 条
破产申请

❶清算组在清理公司财产、编制资产负债表和财产清单后，发现公司财产不足清偿债务的，应当依法向人民法院申请破产清算。

❷人民法院受理破产申请后，清算组应当将清算事务移交给人民法院指定的破产管理人。

第 238 条 清算组成员的义务与责任

❶清算组成员履行清算职责，负有忠实义务和勤勉义务。

❷清算组成员怠于履行清算职责，给公司造成损失的，应当承担赔偿责任；因故意或者重大过失给债权人造成损失的，应当承担赔偿责任。

重点解读

本条规定了清算组成员的忠实义务和勤勉义务。清算事务仍属广义的公司经营管理事务，因而第 232 条第 2 款的规定默认清算事务应当由董事负责，但是公司可另选他人，比如股东或者中介机构等。本条并未对清算组成员的忠实义务和勤勉义务作出定义。但是本条规定的忠实义务和勤勉义务与第 180 条使用了相同的文字表述，根据法律解释的规则，在同一部法律中，相同的文字用语一般应做同一解释，否则将会造成体系矛盾，因而清算组成员的忠实义务和勤勉义务具体内容可类推适用第 180 条的规定。清算组进行清算时，目的是了结公司债权债务关系，是公司注销前所必须完成的公司事务，此时清算组成员的地位类似于公司正常经营时的管理者，这两种情形具有相同的事物本质，因而本条直接规定清算组成员负有忠实义务和勤勉义务。

请求权基础提示：本条第 2 款前半句规定了清算组成员怠于履行职责给公司造成损失时，公司的损害赔偿请求权基础；第 2 款后半句规定了债权人请求清算组成员承担赔偿责任的基础是清算组成员存在故意或者重大过失。

第 239 条
公司注销

公司清算结束后，清算组应当制作清算报告，报股东会或者人民法院确认，并报送公司登记机关，申请注销公司登记。

第 240 条
简易注销公司登记

❶公司在存续期间未产生债务，或者已清偿全部债务的，经全体股东承诺，可以按照规定通过简易程序注销公司登记。

❷通过简易程序注销公司登记，应当通过国家企业信用信息公示系统予以公告，公告期限不少于二十日。公告期限届满后，未有异议的，公司可以在二十日内向公司登记机关申请注销公司登记。

❸公司通过简易程序注销公司登记，股东对本条第一款规定的内容承诺不实的，应当对注销登记前的债务承担连带责任。

重点解读

本条规定了简易注销制度。简易注销是在实践中由市场监管部门创立的制度，降低公司退出的成本，同时为了防止通过欺骗等手段注销公司逃避债务的，明确股东承诺不实的，仍应当对注销前的债务承担连带责任。

第 241 条

强制注销登记

❶公司被吊销营业执照、责令关闭或者被撤销，满三年未向公司登记机关申请注销公司登记的，公司登记机关可以通过国家企业信用信息公示系统予以公告，公告期限不少于六十日。公告期限届满后，未有异议的，公司登记机关可以注销公司登记。

❷依照前款规定注销公司登记的，原公司股东、清算义务人的责任不受影响。

第 242 条

公司破产

公司被依法宣告破产的，依照有关企业破产的法律实施破产清算。

第十三章　外国公司的分支机构

第 243 条
外国公司的概念

本法所称外国公司，是指依照外国法律在中华人民共和国境外设立的公司。

第 244 条
外国公司分支机构的设立程序

❶外国公司在中华人民共和国境内设立分支机构，应当向中国主管机关提出申请，并提交其公司章程、所属国的公司登记证书等有关文件，经批准后，向公司登记机关依法办理登记，领取营业执照。

❷外国公司分支机构的审批办法由国务院另行规定。

第 245 条
外国公司分支机构的设立条件

❶外国公司在中华人民共和国境内设立分支机构，应当在中华人民共和国境内指定负责该分支机构的代表人或者代理人，并向该分支机构拨付与其所从事的经营活动相适应的资金。

❷对外国公司分支机构的经营资金需要规定最低限额的，由国务院另行规定。

第 246 条
外国公司分支机构的名称

❶外国公司的分支机构应当在其名称中标明该外国公司的国籍及责任形式。

❷外国公司的分支机构应当在本机构中置备该外国公司章程。

第 247 条
外国公司分支机构的法律地位

❶外国公司在中华人民共和国境内设立的分支机构不具有中国法人资格。

❷外国公司对其分支机构在中华人民共和国境内进行经营活动承担民事责任。

第 248 条
外国公司分支机构的活动原则

经批准设立的外国公司分支机构，在中华人民共和国境内从事业务活动，应当遵守中国的法律，不得损害中国的社会公共利益，其合法权益受中国法律保护。

第 249 条
外国公司分支机构的撤销与清算

外国公司撤销其在中华人民共和国境内的分支机构时，应当依法清偿债务，依照本法有关公司清算程序的规定进行清算。未清偿债务之前，不得将其分支机构的财产转移至中华人民共和国境外。

第十四章 法律责任

第 250 条 虚报注册资本的法律责任

违反本法规定，虚报注册资本、提交虚假材料或者采取其他欺诈手段隐瞒重要事实取得公司登记的，由公司登记机关责令改正，对虚报注册资本的公司，处以虚报注册资本金额百分之五以上百分之十五以下的罚款；对提交虚假材料或者采取其他欺诈手段隐瞒重要事实的公司，处以五万元以上二百万元以下的罚款；情节严重的，吊销营业执照；对直接负责的主管人员和其他直接责任人员处以三万元以上三十万元以下的罚款。

第 251 条 未依法公示的法律责任

公司未依照本法第四十条规定公示有关信息或者不如实公示有关信息的，由公司登记机关责令改正，可以处以一万元以上五万元以下的罚款。情节严重的，处以五万元以上二十万元以下的罚款；对直接负责的主管人员和其他直接责任人员处以一万元以上十万元以下的罚款。

第 252 条
虚假出资的法律责任

公司的发起人、股东虚假出资，未交付或者未按期交付作为出资的货币或者非货币财产的，由公司登记机关责令改正，可以处以五万元以上二十万元以下的罚款；情节严重的，处以虚假出资或者未出资金额百分之五以上百分之十五以下的罚款；对直接负责的主管人员和其他直接责任人员处以一万元以上十万元以下的罚款。

第 253 条
抽逃出资的法律责任

公司的发起人、股东在公司成立后，抽逃其出资的，由公司登记机关责令改正，处以所抽逃出资金额百分之五以上百分之十五以下的罚款；对直接负责的主管人员和其他直接责任人员处以三万元以上三十万元以下的罚款。

第 254 条
另立会计账簿及提供虚假财会报告的法律责任

有下列行为之一的，由县级以上人民政府财政部门依照《中华人民共和国会计法》等法律、行政法规的规定处罚：

（一）在法定的会计账簿以外另立会计账簿；

（二）提供存在虚假记载或者隐瞒重要事实的财务会计报告。

第 255 条
公司合并、分立、减资、清算中违法行为的法律责任

公司在合并、分立、减少注册资本或者进行清算时，不依照本法规定通知或者公告债权人的，由公司登记机关责令改正，对公司处以一万元以上十万元以下的罚款。

第 256 条
妨害清算行为的法律责任

公司在进行清算时，隐匿财产，对资产负债表或者财产清单作虚假记载，或者在未清偿债务前分配公司财产的，由公司登记机关责令改正，对公司处以隐匿财产或者未清偿债务前分配公司财产金额百分之五以上百分之十以下的罚款；对直接负责的主管人员和其

他直接责任人员处以一万元以上十万元以下的罚款。

第 257 条
资产评估、验资或者验证机构违法的法律责任

❶承担资产评估、验资或者验证的机构提供虚假材料或者提供有重大遗漏的报告的，由有关部门依照《中华人民共和国资产评估法》、《中华人民共和国注册会计师法》等法律、行政法规的规定处罚。

❷承担资产评估、验资或者验证的机构因其出具的评估结果、验资或者验证证明不实，给公司债权人造成损失的，除能够证明自己没有过错的外，在其评估或者证明不实的金额范围内承担赔偿责任。

第 258 条
公司登记机关违法的法律责任

公司登记机关违反法律、行政法规规定未履行职责或者履行职责不当的，对负有责任的领导人员和直接责任人员依法给予政务处分。

第 259 条
假冒公司名义的法律责任

未依法登记为有限责任公司或者股份有限公司，而冒用有限责任公司或者股份有限公司名义的，或者未依法登记为有限责任公司或者股份有限公司的分公司，而冒用有限责任公司或者股份有限公司的分公司名义的，由公司登记机关责令改正或者予以取缔，可以并处十万元以下的罚款。

第 260 条
逾期开业、停业及不依法办理变更登记的法律责任

❶公司成立后无正当理由超过六个月未开业的，或者开业后自行停业连续六个月以上的，公司登记机关可以吊销营业执照，但公司依法办理歇业的除外。

❷公司登记事项发生变更时，未依照本法规定办理有关变更登记的，由公司登记机关责令限期登记；逾期不登记的，处以一万元以上十万元以下的罚款。

第 261 条
外国公司擅自设立分支机构的法律责任

外国公司违反本法规定，擅自在中华人民共和国境内设立分支机构的，由公司登记机关责令改正或者关闭，可以并处五万元以上二十万元以下的罚款。

第 262 条
严重违法行为的法律责任

利用公司名义从事危害国家安全、社会公共利益的严重违法行为的，吊销营业执照。

第 263 条
民事赔偿优先

公司违反本法规定，应当承担民事赔偿责任和缴纳罚款、罚金的，其财产不足以支付时，先承担民事赔偿责任。

第 264 条
刑事责任

违反本法规定，构成犯罪的，依法追究刑事责任。

第十五章　附　　则

第 265 条
本法相关用语的含义

本法下列用语的含义：

（一）高级管理人员，是指公司的经理、副经理、财务负责人，上市公司董事会秘书和公司章程规定的其他人员。

（二）控股股东，是指其出资额占有限责任公司资本总额超过百分之五十或者其持有的股份占股份有限公司股本总额超过百分之五十的股东；出资额或者持有股份的比例虽然低于百分之五十，但依其出资额或者持有的股份所享有的表决权已足以对股东会的决议产生重大影响的股东。

（三）实际控制人，是指通过投资关系、协议或者其他安排，能够实际支配公司行为的人。

（四）关联关系，是指公司控股股东、实际控制人、董事、监事、高级管理人员与其直接或者间接控制的企业之间的关系，以及可能导致公司利益转移的其他关系。但是，国家控股的企业之间不仅因为同受国家控股而具有关联关系。

第 266 条

施行日期及出资期限过渡期

❶本法自 2024 年 7 月 1 日起施行。

❷本法施行前已登记设立的公司，出资期限超过本法规定的期限的，除法律、行政法规或者国务院另有规定外，应当逐步调整至本法规定的期限以内；对于出资期限、出资额明显异常的，公司登记机关可以依法要求其及时调整。具体实施办法由国务院规定。

重点解读

本条第 2 款规定了已经设立的公司出资期限超出新法规定期限的调整方式。法律原则上并无溯及力，但是本条明确新法生效后，第 47 条第 1 款所规定的认缴期限最长五年的时间对生效前设立的公司具有约束力。因此，对于出资期限超过本法规定的最长期限的，应当逐步调整，从而给这类公司一定的过渡期。而对于出资期限和出资额明显异常的，本条则直接授权公司登记机关要求公司及时调整的权力。明显异常的情形，是为了应对实践中部分公司利用认缴制的漏洞约定了过长的出资期限，比如约定出资期限 99 年，或者约定巨额的认缴出资，比如认缴上亿元的出资，但是实际公司并不需要这么多资金。本条只作了原则性的规定，具体实施办法则需要由国务院制定更细化的规则。

新《公司法》适用要点解读

李　宇

上海财经大学法学院教授、博士生导师，商法研究中心主任

一、概观

本次《公司法》修订是 2005 年以来第二次大修，据统计，有实质性修改的条文有上百条。这些修改有大有小，对当下的公司实务影响广泛。有些影响是立竿见影的，如有限责任公司股东缴资期限改成自公司成立之日起五年，股份有限公司改成了设立阶段发起人要实缴。有些影响可能需要经过较长一段时间才能显示出来，如新《公司法》规定了董事和高级管理人员对第三人也可能承担侵权责任——以往我们一般认为董事、高级管理人员执行职务使第三人受损害，只能由公司对第三人承担责任，而第三人不能直接要求董事和高级管理人员承担责任——现在根据新《公司法》第 191 条的规定，董事、高级管理人员在故意或者重大过失的情况下，直接要对公司外部的第三人承担赔偿责任，这无疑会加大董事和高级管理人员的履职风险。这种安排是否妥当，将来这种条文怎么操作，都需要一段时间司法实践的积累才能看得出来。无论如何，短期也好，长期也好，新《公司法》会对

当下的商业生态产生重大影响，这一点是毫无疑问的。

整个新《公司法》体现了怎么样的价值导向？总体来说，如果把新《公司法》所涉及的主体作一个大致分类，可以看出，新《公司法》对于股东和债权人是比较友好的。新《公司法》在加强股东的权利和债权人的权利方面作了很多实质性的改动。而新《公司法》比较不友好的就是对管理者群体不太友好，管理者包括董事、监事和高级管理人员，也包括实际上类似于管理者的控股股东和实际控制人，这两类也是新《公司法》重点规范的主体，他们的义务和责任也明显加重。对于管理者这一类群体，新《公司法》基本上是加重了义务、强化了责任，义务比以前更细致了，需要承担责任的场景更多了。比如，在违法减资、违法分配利润、未及时催缴股东出资等场合，负有责任的董事、监事、高级管理人员都要承担个人的赔偿责任。这样一种立法倾向到底好不好，也许需要时间来检验，但也有些规定可能当下就能看出有点过度。一味地加重董事、监事、高级管理人员的责任，是否真的是件好事情？这与新《公司法》第1条所宣示的立法目的是否有冲突？新《公司法》第1条宣称要弘扬企业家精神，企业家主要就是控股股东及董事、高级管理人员，但是他们的责任在新《公司法》之下总体而言是被加强的。这些加强确实有其合理的一面，但是如果把握不好，恐怕受害的最终还是公司本身。

另外，新《公司法》中也有一些比较中性的制度，这些制度无所谓对谁好对谁不好，纯粹只是填补了以往《公司法》的一些缺漏。比如，实践中常有法定代表人替公司债务“背锅”的现象，公司欠债被法院列为失信被执行人，连累到法定代表人也进入了所谓的“老赖”黑名单，被限制高消费，连高铁、飞机也不能乘坐。这就不是很合理，因为法定代表人也只不过是公司的员工，公司的债务应该由公司承担责任。法定代表人作为自然人，也有他自己的生活和事业，仅因为其所任职的公司被法院列入了失信被执行人名单，导致个人生活、工作都受到如此大的影响，就有侵害个人自由之嫌，也和比例原则不符。

新《公司法》对此问题也作出了回应。依照新《公司法》第 10 条、第 70 条的规定，作为法定代表人的董事或者经理可以随时辞任（原《公司法》所说的辞职），只要向公司发送书面通知，通知到达，辞任即生效；辞去董事或经理职务，也就视为同时辞去法定代表人。辞去了法定代表人，自然就意味着该自然人可以从上述困境中解脱出来。

新《公司法》第 10 条规定，法定代表人辞任的公司应当在法定代表人辞任三十日内确定新的法定代表人。但是不管公司是否选举，原法定代表人可以随时辞职，这对他来说是一种解脱，也是对“个人和公司债务深度绑定”这种不合理实践的某种矫正。

从价值倾向上来说，新《公司法》对某一类或者某几类群体提供了倾斜性的保护，其中某些保护是有必要的，因为此类保护以往是不足的（如公司资本流出制度）；对于另一些群体，新《公司法》加强了义务和责任；也有一些规则是中性的，它往往只是技术性的手段，并没有明显的价值上的倾向性。

上述三类倾向，在解读新《公司法》的每一个具体条文时或多或少都能看到并能够进行归类。对于此次修法来说，可以将新《公司法》的主要内容划分为八大板块，这八大板块也大致对应了新《公司法》的体例结构，新《公司法》各章节中的核心规范大体可以归入这些板块中。

二、公司法总则

公司法总则中罗列了诸多目标、价值各异的规则，其中最重要、最基础的无疑是关于公司独立人格和股东有限责任的规则，这是组织法的本质之体现。其中特别值得重视的是新《公司法》第 23 条提到的揭开公司面纱规则，也被称为法人人格否认规则。如果股东滥用公司独立人格和股东有限责任，就要对公司的债务负连带责任。这个规则是原《公司法》就有的，但是新《公司法》在此项规则上又有新的发展。新《公司法》第 23 条第 1 款跟原《公司法》的规定完全相同，是纵向地揭开公司面纱规则。

《全国法院民商事审判工作会议纪要》（以下简称《九民纪要》）提到了三种股东滥用公司独立人格和股东有限责任的情形。第一种是人格混同，最常见的是股东跟公司之间账目不清，财务混乱。第二种是股东过度支配和控制公司，常常发生在这样的场合：境外的某个最终的实际控制人通过境内外层层设立的多个公司来控制国内的某个终端公司，形式上虽然设立了多个公司，其实各公司根本没有独立运作，所有事务都由股东一人决定，各公司没有独立的意思形成机制，完全沦为终端股东或实际控制人的傀儡。第三种是公司资本显著不足，通常与资本制度有关，但不是一种独立的揭开公司面纱的形态。

新《公司法》第 23 条第 2 款新增了横向人格否认（或者

说横向揭开面纱）规则。第 1 款之所以被称为纵向人格否认，是因为上有股东，下有公司，二者为公司的债务负连带责任。新《公司法》第 23 条第 2 款之所以被称为横向人格否认，是因为所涉及的情形是各个关联公司彼此为各自的债务承担连带责任。比如，有个股东设立了 A、B、C、D 四家公司，如果这个股东为他设立的 A 公司承担连带责任，则属于第 1 款的情形。现在是股东所控制的 A、B、C、D 四家关联公司之间财产混同，这时候对于 A 公司的债务，B、C、D 三家公司要承担连带责任，反之亦然。其中某一公司要为其他任何一家公司的债务承担连带责任，所以该情形被称为横向人格否认。

但是所谓的“横向”并不准确。因为新《公司法》第 23 条第 2 款不仅指的是横向，其实是纵横一体的。这里说的关联公司不只限于兄弟公司。比如，最上面这个股东设立的 A、B、C、D 四家公司各自旗下还有子公司，如 A、B、C、D 公司底下又各自设立了 E、F、G、H 公司。结果 A、B、C、D 和 E、F、G、H 这些公司之间财务和人员混同，符合第 1 款规定的滥用行为的要件，此时这些公司之间都要互相承担连带责任，这就是第 2 款规定的法律效果。所以这是纵横一体地揭开公司面纱。这样的规则对于债权人而言自然是极大地增强了保护效果，但对于公司和股东来说则可能是灾难。这对于公司运作是一个警示，也就是说，股东、实际控制人利用公司这种工具来逃避债务、侵害债权人利益的做法将来会受到越来越多的反制。

新《公司法》第 23 条第 3 款为一人公司特设了规则，将原《公司法》第 63 条的规则直接搬到了总则之中，其适用范围也随之扩张，体现在以下两个方面：

第一，一人公司此项特别规则扩展到了一人股份有限公司。原《公司法》只规定了一人有限责任公司，不承认一人股份有限公司。新《公司法》承认了股份有限公司也可以只有一个股东。所以第23条第3款就没有继续使用原《公司法》上的一人有限责任公司的概念，而是用了更直白的概念，直接称为只有一个股东的公司。至于这个公司是有限责任公司还是股份有限公司在所不问。

第二，适用范围扩大到国有独资公司。对于国有独资公司，按照原《公司法》的规定，该规则并不适用，因为该规则只适用于一人有限责任公司，而原《公司法》规定的一人有限责任公司并不包括国有独资公司。现在这一条文上升为总则中的一般性规则，且没有设置除外规定。既然国有独资公司也属于只有一个股东的公司，自然也适用本条第3款的规定。

适用本款规定的后果是非常严重的。股东要承担举证责任，通俗来说就是要自证清白。在一般的揭开公司面纱案件中，债权人负有举证责任。债权人起诉股东，主张股东跟公司之间财产混同，其至少要举出一些初步证据。但是根据新《公司法》第23条第3款的规定，只要是针对一人公司提起的诉讼，债权人不用举证，股东则应证明自己和公司之间不存在财产混同。股东要证明自己的财产和公司的财产是独立的，实践中是一个非常容易发生困扰的问题。有法官也指出，证明财产独立的标准在司法实践中分歧极大，各级法院、各个法院之间认知多有不一致之处。最高人民法院也没有为此制定司法解释，甚至连指导案例也没有。这个标准完全是各地法院在司法实践中自行摸索的，没有形成统一认识。

三、公司资本制度

公司资本制度涉及公司法的核心使命，即公司法要处理好公司和债权人之间的关系。正如新《公司法》第 1 条所宣示的，公司法的基本任务之一是保护债权人的合法权益。原因在于公司的创设使得股东可以享受有限责任的优待，公司成为一个独立的主体。这种构造对于股东和公司而言是好事，但是对债权人而言则会产生额外的成本。债权人如与公司发生交易，就不能去追索股东的个人财产。因此，保护债权人是公司法的一个基本出发点。公司法对债权人的保护，主要通过公司资本制度来实现。

既然股东想让自己的个人财产不被债权人追索，就必须确保自己对公司的出资是真实的。形成了真实的出资之后，公司的资本也不能随意回流到股东手中，否则，公司作为一个独立主体赖以存在的独立财产基础也将不存在。如果股东和公司之间的财产流动非常随意，那么公司就可以轻易地被股东用作逃债的工具。公司法赋予股东有限责任、赋予公司独立人格的正当性也就随之丧失。

公司资本制度可以归结为两大方面：一端是流入；另一端是流出。股东对公司的出资必须是真实的，法理上称为真实出资原则。股东有义务按期足额缴纳出资，不能虚假出资、不能低值高估。股东一旦出资，公司的财产也不能随便流回股东手中，否则公司资本制度就形同虚设。在这两端，新《公司法》都出现了从严、从紧的趋向。

公司资本流入

一方面，新《公司法》有其弹性的一面，如明文规定可以用股权或者债权出资。原《公司法》只是明文列举了货币、实物、知识产权、土地使用权等。股东用股权和债权出资，原先法律上并非不允许，这两类财产只要具有可转让性和可估价性，就也属于法定的“其他”可出资财产的范围之内的，只是原《公司法》并未明文列出。股权和债权出资仅出现于一些效力层次较低的部门规章中，并且存在很多限制性条件，如《市场主体登记管理条例实施细则》只提及了境内的股权出资，事实上形成了一些不必要的限制。新《公司法》进一步明确了可出资财产的范围，消除了这方面的一些可能的限制。

另一方面，新《公司法》加强了出资相关责任。首先，新《公司法》的一个重要变化是规定有限责任公司的股东必须在五年内缴足出资，这是新《公司法》中引起社会关注最多的一个条文。新《公司法》对于有限责任公司的出资仍维持认缴制，但是认缴期限已经大大缩短，从不设法定期限变成了五年，且该期限对于现存的公司（存量公司）有溯及适用的效力。新《公司法》第266条专门设置了一个过渡期条款。现有的公司要在新法施行之后逐步调整至五年内缴清出资的状态。而且，对于那些出资金额和出资期限明显异常的公司，还要依法进行调整。这意味着现有的公司都会被纳入新《公司法》的规范范围之内，出资金额也会受到相应的规范。但是“逐步调整”与“依法调整”又有所不同。实际上新《公司法》重点规范的对象是出资期限和出资金额存在明显异常的公司。

新《公司法》要区分是否构成“明显异常”，这种区分实际上就在第266条中。对于明显异常的，将来很快就会有比较强力的整顿措施出台；对于不存在明显异常的，按照新《公司法》第266条的要求，只是逐步调整至“本法规定的期限以内”，也就是公司成立之日起五年，具体的方案也尚在研究中。

未按期出资的问题只影响民事上的关系，该问题分两种情况。第一种是公司有债权人的情况。当公司不能清偿到期债务时，公司和债权人都可以要求已认缴出资但未届出资期限的股东提前缴纳出资，这就是新《公司法》第54条规定的股东出资加速到期制度。而且这里所说的不能清偿到期债务，标准其实非常宽松，虽然新《公司法》没有对此作出明确定义，但是可以参考最高人民法院《关于适用〈中华人民共和国企业破产法〉若干问题的规定（一）》第2条的规定：第一有合法债务，第二债务已经到期，第三未完全清偿。满足此标准，公司或债权人就可以主张加速到期。在这种情况下，无论股东的出资期限是否长于五年，其都会丧失期限利益。

在公司有债权人而且到期不能清偿债务的情况下，约定太长的出资期限没有意义，马上就会被债权人要求加速到期。可见，加速到期这个手段比一味硬性地要求五年内缴足要更加合理、精准。

第二种是公司没有外部债权人的情况。这种情况下出资期间约定得长一点，既没有危害到任何人，他人也无权干涉。如果没有涉及外部债权人的利益，公司内部很少有人会有动力去要求提前出资。新《公司法》第54条也规定，公司可以要求加速到期。这一点和原来的规定是不一样的。《九民纪要》只是规定了债权人可以要求股东加速到期，没有规定公司的该项权利。但是公司有时候也需要主张加速到期。据此，董事、高级管理人员也可以代表公司要求加速到期。但新《公司法》第 54 条有一个限定，即只有公司不能清偿到期债务时，公司才有权要求股东加速到期。如果公司没有外部债务，仅是缺乏资金，则公司是不能提出加速到期的要求的。

此外，股份有限公司的出资制度在新《公司法》之下变化也非常大。股份有限公司有两种设立方式：一种是发起设立；另一种是募集设立。发起设立就是由创始股东（发起人）设立，不对外募集资本。多个股东作为发起人来设立一个股份有限公司的情况下，原《公司法》规定的是认缴制，认缴期限不存在法定限制，但新《公司法》全部改成了实缴制。只要是发起设立，发起人就必须在公司成立之前出资到位。这意味着用非货币财产出资将很难操作。如果用货币出资，可以在公司成立之前先存入临时账户。用土地使用权、知识产权出资没法过户到公司名下，因为此时公司还没成立，其他变通办法是否可行亦存在不确定性。对发起人的实缴制使实际操作中几乎排除了非货币出资的可能性。股份有限公司的以上规则看上去比有限责任公司更严厉。

股份有限公司除了可以发起设立之外，还有募集设立的方式。募集设立又有两种情况：一种是向特定对象募集，实践中常称为定向募集；另一种是向社会公开募集。向社会公开募集这种方式在实践中几乎没有出现过。向社会公开募集不仅手续上很麻烦，要向证监会申请注册，而且商业上几乎不可行。所以实践中主要是定向募集。

募集设立时，发起人应认购不少于 35% 的股份（新《公司法》第 97 条第 2 款），发起人认购的这部分股份也须实缴。发起人之外的投资者，公司法称为认股人。认股人是否应当实缴，新《公司法》的规定并不明确。原《公司法》之下，无论是定向募集还是向社会公开募集，都是实缴制。原《公司法》规定，募集设立的股份有限公司的注册资本是实收股本。而实收股本是由公司已经实际收到的股东的出资构成的。这意味着无论是定向募集还是向社会公开募集，认股人都必须将股款缴到公司账户，这样才能成为注册资本，股份有限公司的注册资本才能到位。

新《公司法》在这一点上出现了一些模糊和有歧义的地方。对于向社会公开募集这种情况，新《公司法》和原《公司法》一样，都要求社会公众认股人把股款缴到银行账户，但是定向募集就没有明确规定这样的要求。而且更重要的是，新《公司法》把股份有限公司注册资本的定义进行了修改，不再指实收股本，而是改成了已发行的股本。而已发行股本就不一定意味着实际收到股款了，这其中有解释的空间。简单来说，在定向募集的情况下，到底是采用实缴还是认缴，新《公司法》的规定是不清楚的，甚至向社会公开募集的情况下是否认股人必须先缴足股款然后才能设立公司，也是有解释空间的，只有发起人的出资必须实缴到位这一点是明确的。

总体来说，在公司资本的流入端，新《公司法》的要求是全面加强。

值得思考的一个问题是，增资的情况下有没有实缴的问题。增资在什么时候发生不一定，法律也没有明确规定增资款能否约定分期缴纳。对于增资款的缴资期限，也不能将新《公司法》第 228 条解释为五年内缴足增资款。既不能解释为从公司成立之日起五年内缴足（否则无法适用公司从第六年才开始增资的情况），也不能解释为从增资决议时或增资登记时起五年内缴足（新《公司法》条文并无此意）。对于增资金额，从新《公司法》中也看不出特别的限制。

对于出资的真实性，新《公司法》明显加强了要求。对于出资真实性的保障体现为股东应按期足额出资。股东若未按期限缴纳或者未足额缴纳，要承担补足的责任，给公司造成损失的，应承担赔偿责任。但是只明确这一个责任还不够，还要求有其他人来督促甚至担保。新《公司法》从其他主体入手，加强了其他人的责任，其中包括设立时其他股东的连带责任、董事的催缴义务和责任。

第一，其他股东的连带责任。新《公司法》第 50 条承认了其他股东的连带责任。在原《公司法》之下，对于这种情况，法律没有明确规定其他股东应承担连带责任。原《公司法》也规定了连带责任，但规定的是股东出资的实际价额显著低于约定的价额时，设立时的其他股东应承担连带责任。

依照新《公司法》的规定，不仅是未足额出资时其他股东应承担连带责任，未按时出资时，设立时的其他股东也应承担连带责任。如此一来，股东的责任就很重了，这种责任可以说是一种出资担保责任。为了防止这种责任无限扩大，以致危及有限责任原则，新《公司法》加了一个限制条件：第 50 条规定“设立时”未按时或者足额出资的，才会引发这种连带责任。“设立时”这一前提意味着出资义务在设立时就已经到期。对于这样的出资义务，大家是要承担连带责任的，并且是设立时的其他股东承担责任，后面通过增资新加入公司的股东不用为此承担责任。如果该笔出资是成立后才需要缴的（如章程规定出资应当在公司成立后三年内缴足），设立时的其他股东也不必为此承担责任。

综上所述，第 50 条提到两次“设立时”，就是规定了两个前提。第一个“设立时”是设立时已到期的出资，如果有股东不缴足，其他股东就要承担连带责任；成立后才到期的出资，其他股东不承担连带责任。第二个“设立时”是设立时的其他股东需要承担连带责任；设立后通过增资方式加入公司的股东以及设立后通过受让原股东股权方式加入公司的股东不必为最初的设立人（或者说发起人）承担责任。

第二，董事、监事、高级管理人员相应的责任。其中首要的是董事。这就涉及新《公司法》第 51 条和第 52 条。第 51 条规定了董事会的核查出资和催缴出资的义务。新《公司法》对董事会增加了催缴的义务和违反该义务的赔偿责任。如果董事没有积极催缴，导致公司受到损失（收不到出资），董事要承担赔偿责任。这里法条规定的是董事对公司承担赔偿损失的责任，不是董事赔偿给公司的债权人。新《公司法》通过加强董事的责任，间接加强了股东的出资责任。董事会的催缴义务后面还有更严厉的措施，就是第 52 条规定的股东失权制度。董事会书面催缴后，股东还是不缴的，可以再给股东一个期限，这个宽限期不能短于六十天，过了六十天这个股东还不缴足，董事会经过决议，可以直接宣布股东失权，这意味着股东未缴足部分对应的股权不复存在。而且失权是从失权通知发出之日就发生效力。同时，新《公司法》第 52 条第 3 款规定，有异议的股东可以在三十天内向法院起诉，给予了股东必要的救济。

失权是一个非常严重的后果。由此产生的问题是，失权还影不影响股东的赔偿责任？答案是不影响。股东失权并不影响他承担出资责任，给公司造成的损失，其仍需赔偿。这一点虽然在第 52 条中没有明文规定，但运用法律解释方法可以得出这一结论。首先可以用历史解释的方法。新《公司法》修订草案经历了四次审议，除了第四次审议稿没有公开，前面一审稿、二审稿、三审稿都公布过，对比前面几稿就可以看出，原先在股东失权这个条文中，同时规定了股东仍然要承担出资赔偿责任，后来关于出资赔偿责任的条文被挪到了第 49 条中，第 49 条是一个一般性规则。第 49~54 条是一脉相承的，没有说股东失权就可以免于承担责任。从目的解释的角度来看，股东失权制度的立法目的是剥夺股东的权利，责任并不可以依此而免。在合同法中，守约方解除合同不会影响违约方承担违约责任。类比到公司股东失权的场景，股东不缴资，公司可以宣布股东失权，股东该承担的责任还是要承担，给该公司造成了损失还是要赔偿。

公司资本流出

以上是资本流入端的规则，其立法目的是要真实完成出资，对应的是“真实出资原则”。资本流出端也很重要，法律也要加强控制。对此设定控制的法律不限于《公司法》，还包括《民法典》《企业破产法》等。当然，对于《公司法》而言，控制资本流出端是本职工作。在这一方面，新《公司法》也做了很多改动，进一步强化了“资本维持原则”。总体来说，一个公司成立之后，股东出资缴纳到位，股东是不能随意退出公司的，公司资产也不能随意地回流给股东，回流必须经过合法的程序，具备合法的事由。大致有以下几种情况：第一种是转让股权，股东可以把股权转让给别人，但这种意义上的退出不是彻底地退出，因为有新股东替代进来。第二种是回购，由公司收购股东的股权，股东和公司之间的法律关系就此结束，公司要向股东支付收购款。第三种是减资，通过减资可以让股东定向退出，股东也可以不退出公司而只是收回一部分出资。第四种是分红，公司将利润分配给股东，股东并不退出。第五种是解散，此时股东和公司自然一拍两散，公司将剩余财产分配给股东。除此之外，还有一些不太常见的回流途径，如财务资助等。对于这些途径，新《公司法》都加强了管控，表现在以下方面：

在股权转让的情况下，转让人是不能轻易逃避出资义务的。在回购的场合，新《公司法》第 89 条第 3 款增加了一种可以回购的事由，其意旨是加强对股东的保护。如果大股东欺压小股东，严重损害小股东或公司的利益，小股东则可以要求公司回购股权，从而退出公司。

关于减资这条途径，值得特别注意的是新《公司法》第 226 条的新规则。第 226 条是新增条文，公司如果违法减资，相关主体要承担严重的后果，不仅收到出资的股东要将出资退还给公司，而且股东和负有责任的董事、监事、高级管理人员都要承担连带赔偿责任。这种行为在以前的司法实践中也有处理，但是以前法律缺乏明确的规定，司法判决不尽相同。有的判决认定股东直接向公司债权人承担赔偿责任，有的认定其承担补充赔偿责任。现在新《公司法》第 226 条试图把违法减资的法律后果进行统一规定，分为以下两个层次：首先，股东应退还违法减资时从公司受领的财产。其次，如果有的股东退还不了，除了该股东有赔偿的义务，其他股东也应承担赔偿责任，同时负有责任的董事、监事、高级管理人员也要赔偿。“负有责任”应如何界定，可以从正反两方面总结出一些标准。从正面来说，要有过错；从反面来说，至少那些投反对票的董事可以免责，因为减资方案首先要经董事会讨论，董事会通过之后再上股东会讨论、决议。

违法分配利润的规则也十分相似。违法分配利润的，股东有义务退还。如果退还不了，给公司造成损失，依照新《公司法》第211条的规定，股东和负有责任的董事、监事、高级管理人员也都要承担赔偿责任。

至于抽逃出资，新《公司法》第53条规定，抽逃出资的情况下，抽逃出资的股东要将抽逃的出资返还给公司；给公司造成损失的，负有责任的董事、监事、高级管理人员也要连带赔偿。该条没有提到其他股东，因为抽逃出资往往很隐蔽，不是多数股东决议的产物。但如果其他股东确实参与其中，其他股东也应赔偿。按照相关司法解释的规定，其他股东或者实际控制人协助抽逃出资的，都要承担连带赔偿责任。

公司资本向股东流出，有一些具体形式，包括减资、分红等。还有一个抽象的、一般化的形式，即抽回出资（抽逃出资）。新《公司法》第53条可以说是一个一般条款，后文未提及的具体的流出方式都可以归到抽逃出资中。简单来说，如果没有法定事由、未经法定程序，股东从公司抽回资本，都会构成第53条所称的抽逃出资行为，由此，负有责任的董事、监事、高级管理人员以及其他股东、实际控制人都要承担责任。新《公司法》通过这样一组规则来确保公司资本制度能够真正起到保护债权人的作用。

四、公司组织机构

公司法关于组织机构的基本逻辑是“三会加高管”，也就是股东会、董事会和监事会，加上经理等高级管理人员。立法者默认公司内部要有权力分工，有分工才能制衡，如果不通过机构分工设置来分割权力，容易出现治理架构的混乱。

这种正式的、科层化的架构在大型公司里较有正当性，如上市公司或大型国有企业，但对于很多中小微企业而言就没有这么强的正当性，这些公司的股东往往直接参与公司日常经营管理，如果法律非要公司强行设置董事、监事和高级管理人员，这些股东也往往身兼董事、监事、高级管理人员的职务。这体现出纸面上的法律和生活中的法律之间的紧张关系。

关于公司的组织架构，更加重要的应该是强调它的任意性或者可选择性。公司法可以提供一套模板，但要尽量允许公司进行多样化的选择，也就是说，这种模板不是强制的，原则上应允许公司章程另作规定。

新《公司法》在组织架构方面的总体倾向是弹性化，与资本制度的刚性化正好相反。资本制度越来越强硬，而组织架构制度却越来越柔和、越来越有弹性。

股东会

一个公司必然要有股东会，而且股东会也不需要另行设立，全体股东自动组成股东会。股东会职权的弹性化在新《公司法》中体现在第59条，首先将股东会的职权作了简化，把有些不必要的股东会法定职权删除，即删除了由股东会决定经营方针和投资计划、公司的预算方案、决算方案的规定。简化的同时是放权。第59条同时增加了第2款，允许股东会将发行债券的权限授予董事会。当然，这里条文规定得不甚清晰，未规定其他权限能否下放。对此其实也是有解释空间的，不是说未明文允许下放就不能下放，此处不适用“明示其一即排除其他”的法理。

董事会

董事会的权限也有所变化，与股东会权限的变化相对应。

监事会和审计委员会

在“三会”之中，监事会的变化是最大的。股东会和董事会的相关规定只是进行了微调，监事会制度则有了根本性变革。监事会变成了非必设机关，一个公司可以选择不设监事会。这体现在新《公司法》第69条和第83条，两者是不一样的。

根据新《公司法》第69条的规定，公司可以不设监事会，而是以一个审计委员会取而代之。这个审计委员会是由董事组成的，行使的是监事会的职权。但新《公司法》第83条更彻底，第83条规定连审计委员会也可以不要，可以不设监事。在第83条的情境之下，公司是没有专职的监督机构的。没有专职的监督机构，理论上肯定是对公司不利的，所以这种选择必须有更严格的前提。第一个前提是仅适用于规模较小或股东人数较少的有限责任公司。这个前提其实是虚的，法律从来没有规定过何为“规模较小”“股东人数较少”，将来大概率也不会规定。因为无法确定科学合理的具体标准，所以这是一个虚的要件。第二个前提是实的要件，即须经全体股东一致同意，单纯的公司章程规定是不够的，除非章程经全体股东同意，这也算是全体股东一致同意。不设监事会、没有专职的监督机构对股东有重大影响，从此之后董事和高级管理人员没有专门人员来监督了。这比较适合于股东有机会日常自行监督的小公司。

公司也可以设立一个审计委员会，但这种审计委员会有两个问题。

第一个问题是，这个审计委员会跟以往的审计委员会有什么区别。传统意义上的审计委员会与新《公司法》之下新的审计委员会的职权不同。传统意义上的审计委员会，没有什么特别的职权，主要是董事会的职权，只是更多地集中于财务事项，并不包含特别的监督功能。而新《公司法》下的审计委员会有监事会的职权，包括检查公司财务、对有关人员提出解任的建议、要求纠正违法行为等。所以新《公司法》下的审计委员会职权不止于审计。

第二个问题是，审计委员会的构成在有限责任公司和股份有限公司中是不一样的。对于股份有限公司，新《公司法》也允许通过设审计委员会的方式来替代监事会，这比原《公司法》更为自由。但是股份有限公司的审计委员会有独立性的要求。新《公司法》第 121 条第 2 款规定，审计委员会成员为三名以上，过半数成员不得在公司担任除董事以外的其他职务，且不得与公司存在任何可能影响其独立客观判断的关系。这个表述立刻使我们联想到独立董事的概念。尽管条文并未明确称为独立董事，但以上要求也正是部门规章对独立董事的要求。这意味着如果一个股份有限公司设立了审计委员会，必须有过半数成员是独立董事。这个要求与有限责任公司不一样。对于有限责任公司，新《公司法》第 69 条并没有独立性的要求，审计委员会成员是可以在公司全职工作的，法律未作限定；当然，有限责任公司也可以选外部的独立董事来担任审计委员会成员。

新《公司法》对于独立性的这两种不同的要求，会对公司的选择产生重大影响。股份有限公司的这个要求并不一定合理，在股份有限公司的场合，选的成员是外部的董事，外部的董事不担任董事以外的其他职务，往往是非全职的。无论是上市公司的独立董事还是一般股份有限公司的外部董事，其是否真正起到了预期的监督作用都是存疑的。立法者提供这样一种过半数人员为外部董事的审计委员会作为选项，也是想给公司更多的选择可能性。既然新《公司法》的选项只是一种模板，如果股份有限公司自认为本公司更适合由内部董事组成审计委员会，从而作出与有限责任公司一样的选择，也未尝不可。换言之，关于股份有限公司审计委员会构成的规则，仍应被理解为任意性规范。

同样要注意的是，和国有企业特别相关的新《公司法》第 176 条关于国有独资公司监督机构的规定。第 176 条特别提到，国有独资公司如果设置由董事组成的审计委员会来行使监事会的职权，就不设监事会或者监事。很多人把这条解读为国有独资公司以后就不设监事会了，笔者认为，这个解读是错误的。该条文的文义很清楚，如果一个国有独资公司设了监事会，则按照老办法来；如果其新设了一个行使监事会职权的审计委员会，则不再设监事会或者监事。所以，只有新设了具有监事会职权的审计委员会，或者通过修改公司章程给原有的审计委员会赋予了监事会的职权，才可以取消监事会。

这里还有一个问题，即一个公司能否同时设监事会和审计委员会。笔者认为没有什么不可以。首先，从条文根本看不出来法律禁止两者并设。从私法基本原则来看，法不禁止即自由。而且在以往的实践中，我们对上市公司就是并行采用两种制度的，一是要有监事会，二是由独立董事组成审计委员会。虽然以往规章和交易规则所规定的上市公司审计委员会并不是新《公司法》意义上替代监事会的审计委员会，但至少由独立董事组成的审计委员会，其构成与新《公司法》第 121 条规定的审计委员会的构成是相同的。这也就说明了至少在上市公司治理实践中，是将传统的德国式的监事会制度和美国的独立董事制度结合起来，形成了二元制的公司内部监督架构。至于在实践中可能引发的所谓叠床架屋的成本，也是个伪问题。要相信公司作出二者并设时的自行安排，这种“企业设计的自由”，本来就是私法自治的应有之义。况且，公司自愿承受叠床架屋的成本，又何必干预？

经理

经理这个角色在新《公司法》上也有调整，法律不再一一列举经理的职权，经理的职权可简单分为两种，一种是章程规定的职权，另一种是董事会授予的职权。

辞任和解任

公司组织机构既涉及机构，也涉及机构中的个人。此方面的规则，新《公司法》也趋向于更加弹性。

第一种情况是辞任。新《公司法》明确规定了自由辞任制度。新《公司法》第 70 条第 3 款规定，董事辞任的，应当以书面形式通知公司，公司收到通知之日辞任生效。除了因法定情形要留任（如辞任会导致董事会法定人数不足）外，辞任原则上是完全自由的。辞任自由意味着可无理由辞任，但是辞任时间不恰当，给公司造成损失的，可能需要根据法律规定或合同约定承担赔偿责任。

第二种情况是解任，规定在新《公司法》第 71 条。解任跟辞任一样，也是无理由的。但如果是无正当理由解任，公司要承担赔偿责任。所以，正当理由与否只是涉及要不要赔偿，与能否解任无关。

无理由解任从以前的法律规则中也可以推导出来。1993年《公司法》规定，如果董事任职期限未满，公司不得无故罢免。也就是说，解任必须有理由。后来2005年《公司法》修改时，该规定被删除。其实从那时候开始，就已经可以无理由解任。新《公司法》明确规定了可以无理由解任，只是在无正当理由解任时公司要赔偿。不过，也不能一概认为公司必须赔偿，赔偿的前提是有损失。如果一个董事是无偿担任的，则不用赔偿。实践中高级管理人员兼任董事时拿的是高级管理人员的薪资，董事职务是无偿担任的；在挂名董事的情形中，也是无偿的。这些情况下，即便董事被无正当理由解任，其也没有损失可言，公司自然不应承担赔偿责任。

辞任、解任自由是回归了法律关系的本质，这是法理上的要求。董事和公司之间的法律关系是委托关系，委托关系是一种特殊信任关系，当双方信任破裂时，任何一方都可以结束这段关系。推广之，监事和高级管理人员其实也是一样。尽管新《公司法》关于自由辞任和解任的规则只提到了董事，而没有提到监事和高级管理人员，但对于监事和高级管理人员，完全可以参照适用或者类推适用。

五、公司股权转让

实践中难点重点较多的就是有限责任公司的股权转让。股份有限公司的股权（股份）转让相对简单，尤其是上市公司的股权转让，按照证券法和证券交易规则操作即可，一般不会发生司法纠纷。因此可以着重关注有限责任公司的股权转让，有关规则出现在新《公司法》第 84 条至第 90 条，存在很多修改。

股权转让的前置程序

在原《公司法》中，股权转让非常烦琐，股东对外转让股权需征求其他股东的同意。其他股东不同意的，应当购买；不购买的，视为同意。其他股东的同意权实际上并无意义。所以新《公司法》彻底取消了这个规则。对其他股东的保护之前采用两种手段：一是其他股东的同意权；二是其他股东的优先购买权。新《公司法》第 84 条就只剩优先购买权条款。优先购买权的立法目的是维持有限责任公司的人合性，防止股权轻易落入外人之手，不让局外人轻易成为公司的股东。为了达到这一立法目的，有优先购买权即可。在这一点上，新《公司法》简化了股权转让的前置程序。

股权转让手续及股权转移时间点

股权转让，不仅是在转让人与受让人之间达成协议，还需要有一些附带的手续。这些附带手续包括四个环节，第一个手续是要换发出资证明书。但实践中很少有公司照做，因为并没有明确的法律后果。第二个手续是变更股东名册的记载。在实践中公司置备股东名册并不是普遍现象，如果公司未置备股东名册，受让人可以要求公司完成股东名册的变更。新《公司法》第 87 条规定，依照本法转让股权后，公司应当及时注销原股东的出资证明书，向新股东签发出资证明书，并相应修改公司章程和股东名册中有关股东及其出资额的记载。第 86 条第 1 款也规定，公司拒绝变更或者在合理期限内不予答复的，转让人、受让人可以依法向人民法院提起诉讼。变更股东名册记载的要求，自然也包含了公司至少要为此置备股东名册。第三个手续是修改公司章程，由于设立公司应当依法制定公司章程，该环节通常在实践中不会有争议。第四个手续是在市场监督管理局完成股权变更登记，通常也不会被当事人忽视。

只有上述四个手续都办理完毕，才是法律上最圆满、最理想的股权转让完成状态。但是由于现实往往与公司法规定相脱节，前两个手续很多公司并未完成，因此股权何时转移，也即受让人何时变成股东就成为实践中经常存在争议的问题。对此，公司法规定也并不明确，所以就产生了各种不同的观点。从逻辑上说，包括上述四个手续，再加上作为最基本前提的转让人与受让人签订股权转让合同，因此理论上该答案有五种时间点。

这五种时间点究竟哪一种时间点更适合作为股权转移的时间？想要回答这个问题，首先需要批判对新《公司法》第86条第2款作望文生义的解读，这种解读认为股权转移时间以股东名册变更记载为准。这种观点既脱离现实，也违背法理。首先，实践中很多公司没有股东名册。即使按照新《公司法》第86条、第87条的规定，受让人有权要求公司立即置备一个股东名册并变更记载，但公司如果不予理会，受让人也只能对公司提起诉讼。在司法程序执行完之前，受让人一直无法取得股权，这是受让人所无法忍受的一种结果。所以从现实可操作性来讲，股东名册变更记载不应该作为股权转移的标志。从法理上讲，也不应该如此。追问股东名册的功能，股东名册其实是一种公司决定据以向谁履行义务的凭据。因为股权的情况可能很复杂，公司如何去辨认谁是真正的股东，对公司履行各项义务来说非常关键。例如，最简单的问题是，公司分红如何分配的依据就是股东名册。股东名册上登记的是五名股东，公司就给该五人分红，至于这五名股东是不是真实的股东，公司并不用去管。当股东名册记载的股东与实际股东不一致时，股东名册对公司的保护功能更加凸显。

股东名册记载的股东与实际股东不一致，常见的情况有三种：第一种情况是股权代持。不管实际出资人是谁，公司只需要向股东名册上记载的股东履行义务。反之亦是如此。某人要以股东身份向公司主张权利，必须依股东名册的记载主张权利，否则公司有权拒绝。新《公司法》第 56 条第 2 款规定，记载于股东名册的股东，可以依股东名册主张行使股东权利。这也是原《公司法》就有的规定。新《公司法》虽然新增了第 86 条第 2 款的规定，但该款规定与上述规定的精神是完全一致的，并没有赋予股东名册更多的功能。第二种情况是股权共有。实践中最常见的情况是夫妻股权共有。股东名册上记载的股东是丈夫，但该股权其实是夫妻共同财产。如果妻子向公司主张分红，因为她没有被记载于股东名册，公司可以拒绝分红。公司分红还是分给丈夫即可免责，至于丈夫取得公司分红之后，要和妻子按照内部关系进行分配，包括在离婚诉讼中分割，那是另外的情形。第三种情况是股权转让。A 把股权转让给 B，但是没有完成股东名册变更。法理上正确的后果应该是公司继续向 A 履行义务，公司分红还是分给 A，但是由于 A 的股权已经转让，所以 A 受领公司分红后需要交给 B，否则 A 将构成不当得利。但是 B 如果没有完成股东名册变更，却直接向公司主张分红，公司可以拒绝。当然公司也可以不拒绝，因为这是公司的权利（抗辩权），如果公司确实知道 A 和 B 已经达成股权转让协议、B 已经取得股权，尽管手续尚未办理完成，公司也可以把当期分红直接分给 B。如果公司认为存在风险，无法确认 A 和 B 之间的股权转让到底是不是真实有效，从保护公司的角度出发，直接按股东名册分配，对公司来说自然是最安全的。

由此可见，股东名册的存在只是为了保护公司利益，并不解决转让人和受让人之间股权什么时候转移的问题，也不涉及转让人跟第三人之间的关系。所以不能将股东名册的作用大而化之，股权转让以股东名册为准既不符合法理，也完全不符合股权转让实践。准确地说，股东名册的变更记载是对抗公司的一个要件。完成股东名册记载后，受让人才能对抗公司，否则就不能对抗公司。

此外，还涉及变更登记的问题。变更登记是对抗善意第三人的要件。新《公司法》第 34 条第 2 款规定公司登记事项未经登记或者未经变更登记，不得对抗善意相对人。最典型的相对人是重复受让人。例如，A 一股二卖，先卖给 B，后来又贪图高价卖给了 C。C 明知 A 已经把股权转让给 B，可是 B 没有及时跟 A 一起去办理工商变更登记，被 C 抢了先手，C 先行登记。这时候股权到底归属于 B 还是 C？如果是 C 是恶意的，那么还是 B 取得股权，“恶意者不受法律保护”是民法的法理，也是新《公司法》第 34 条第 2 款规定的体现。但是如果 C 是善意的，善意的 C 就取得股权，B 只能向 A 要求其承担违约责任。

换发出资证明书和变更公司章程也不应该成为股权转移的时间点。出资证明书只是已经履行出资义务的证据，与股权取得和移转无关。变更公司章程发挥的作用与股东名册类似。

既然上述四个手续都不是股权转移的时间点，剩下的就是股权转让合同约定的时间或股权转让合同生效期间。股权转让合同约定的时间届至时（如约定受让人付清转让款时股权转移），股权转移；若股权转让合同没有特别约定股权转移时间，股权转让合同生效时，股权转移。这就是意思主义。

股权转让情形的出资义务承担

另一个关键的问题是，股权转让情况下出资义务问题该如何解决。股权转让时，出资义务有两种情况，一种是尚未到期，另一种是已经到期。例如，股东 A 对公司承诺的是出资 100 万元，但是约定五年后出资，而 A 现在就把股权转让给 B。那么，五年期满时，公司是找 A 要 100 万元，还是找 B 要 100 万元？对于这种情况，新《公司法》第 88 条第 1 款规定，受让人是承担缴纳出资义务的第一顺位责任人，转让人承担补充责任。

但如果 A 转让的是一个出资义务已经到期的股权，后果则有所不同。例如，转让人 A 承诺的 100 万元出资 2023 年就该缴足，2024 年 1 月 A 把股权转让给 B，此时 A 和 B 对公司承担连带责任，公司可以找 A，也可以找 B，或者对 A 和 B 一起提起诉讼，但 B 还有可能摆脱连带责任。依照新《公司法》第 88 条第 2 款之规定，B 如果能够证明自己不知道且不应当知道上述情形，则无须承担责任。不知道且不应当知道的一种情形可能是，在工商登记上记载 A 已经实缴，但实际上并未缴纳（公司内部作弊或误操作把 A 登记成了实缴），此时如果 A 又把股权转让给 B，那 B 就是属于善意的，B 不承担责任。

问题在于，第 88 条第 1 款与第 2 款结果完全不同。第 2 款规定的连带责任对公司最有利。第 1 款规定的补充责任对公司则不是那么有利。公司可以先向 B 主张责任，B 未按期足额缴纳才能向 A 主张，中间存在时间差，A 可能早已将财产转移，或者 A 虽然没想特意转移财产但却经营不善导致破产，那公司就找不到人承担责任了。如果是连带责任，公司本来就可以一并对 A 和 B 主张权利，所以第 1 款的规则不利于公司，当然也不利于公司背后的债权人。

有观点认为，如果要求转让人承担连带责任，会妨碍股权的流动和转让。但该观点存在问题：公司股东当初承诺承担出资义务，权利人是公司。虽然转让股权不需要公司的同意，但是出资义务的转移仍需经过公司同意。公司股东不能随意将出资义务转移出去。《公司法修订草案一审稿》规定由受让人承担责任，转让人不承担责任。后来遭到很多的批评，该规定过于有利于转让人，一转让就可以不承担责任。如果转让人把股权转让给一个皮包公司，从此金蝉脱壳，远走高飞，公司将遭受巨大损失。所以后来二审稿开始一直到现在，将其改成了补充责任。补充责任是一种折中的规则，但对于公司补充责任毕竟不如连带责任有利。

在补充责任规则之下，公司应当尽可能对 A 和 B 一起提出诉讼。尽管判决书上会写由受让人先承担责任，受让人不能承担时由转让人承担补充责任。但是在起诉阶段，补充责任不应该影响公司同时起诉转让人。因为起诉转让人时公司可以申请保全转让人的财产，防止转让人转移财产。

股东欺压时的回购权

新《公司法》第 89 条第 3 款的规定是新增规定，针对股东欺压规定了新的救济手段。大股东滥用股东权利，欺压小股东，小股东可以退出公司，要求公司以合理价格回购自己的股权。股东欺压在封闭公司里是一种常见现象。所谓封闭公司，也翻译为闭锁公司，这类公司的股权或者股份不在公开市场上流通。与此相对应的概念是公众公司，公众公司中最典型的就是上市公司；除了上市公司，还有新三板挂牌的公司。公众公司在新《公司法》中称为公开发行股票的公司。

在公众公司中，大股东欺压小股东一般难以实现，小股东可以通过在公开市场上卖出股票，脱离大股东的控制。而封闭公司的股权不容易流动，难以找到受让人；封闭公司的实际经营情况一般人难以了解，股权转让困难，市场非常狭窄。大股东如果利用小股东此种不利处境，常年实施欺压行为，那小股东的状况就比较悲惨。常见的欺压手段有大股东或者大股东的亲朋好友自任董事或高级管理人员，经由股东会决议给他们发放高薪，小股东既拿不到公司分红，也拿不到工资。公司的重要职位都被大股东的亲朋好友把控，董事、监事、高级管理人员都是大股东安排的人，公司表面上总是不赚钱，因为大股东总是隐藏利润，把账面做成亏损，导致小股东无法得到分红，实际上公司已经被大股东通过这些交易掏空。原《公司法》提供的这种情况下的救济手段，要么太单薄，要么有些用力过猛。太弱的手段就是之前的损害赔偿责任，小股东虽然可以起诉公司主张赔偿，但如果大股东反复使用这些手段，小股东也难免会被诉讼折磨得心力交瘁。用力过猛的救济途径是公司的司法解散。小股东可以诉请法院强制解散公司，但这种救济相当于“同归于尽”，会影响更多无辜的其他股东和职工利益。新《公司法》第 89 条第 3 款提供了一个小股东退出的中间渠道：股权按照公平价格卖回给公司。

六、公司筹资

股份和债券是公司筹资的两种主要手段。关于公司筹资的法律规则主要有两部分：一部分是发行股份；另一部分是发行债券。

发行股份

新《公司法》在发行股份方面提供了很多的新工具，这非常有意义。原《公司法》对于股份制度规定得较为死板、僵化或者严格，现在这种严格程度得到很大程度的缓和。本书挑选其中两个重点进行阐述。

第一，股份有限公司可以发行无面额股。原《公司法》只允许公司发行票面有定价的面额股。面额股的僵化之处在于，不能折价发行，可以溢价发行。不允许折价发行面额股是因为要避免误导债权人。例如，面额股定价 1 元，债权人会相信公司发行了 100 万股，公司至少有 100 万元的资本，但实际上是以每股 0.5 元发行的，实际上公司资产只有 50 万元，因此折价发行会误导债权人。但不允许折价发行的规定有时不能兼顾商业实践。所以有的公司会用较低的面额定价，避免触及禁止折价发行的红线。既然这么容易被规避，那么能否完全遵循市场原则发行无面额股呢？发行价不是预先确定，而是完全按照发行时实际状况确定。允许发行无面额股，已经是世界各国当代公司法的大趋势。所以我国也允许公司自由选择发行面额股或者无面额股，在新《公司法》第 142 条中有体现。

第二，更重要的变化是新《公司法》允许公司发行更多的类别股，体现在新《公司法》第 144 条的规定之中。类别股是对所谓同股同权原则的一个突破。传统观点认为，公司只能发行普通股，一股一权、同股同权。但是这种僵化的制度有时并不能适应商业实践的发展，所以出现了类别股。类别股在原《公司法》中没有放开，但是在实践中已经开始有所突破。

新《公司法》第 144 条列举了三种类别股。第一种是优先股或劣后股。公司在当年可分配利润当中，先满足优先股股东，这是优先股。第二种是特殊表决权股，我们实践中常用的概念是 AB 股，AB 股当中两种股票的表决权数量不等，如 A 股是一股 10 票，B 股是一股 1 票，A 股就是特殊表决权股——当然 A 和 B 是可以互换的，将一股 10 票的股份称为 B 股也可以，AB 股这种叫法只是实践说法，不是严格的法律概念。这种特殊表决权股，也就是所谓的表决权差异化安排，运用场景很多。以两类公司为例，第一类是科创企业。在这类企业中创始人（创始股东）非常关键，创始人的发展思路、战略构想、特殊的技能，决定了公司的发展大方向。但是创始时期创始人往往缺乏资金，需要对外募股，需要通过 A 轮、B 轮融资，提供融资的投资者（风险投资企业、股权私募股权基金等）的主要任务是提供资金，对企业发展方向没有特殊决策优势。这种情况下，要防止创始人的股权被稀释，可以借助特殊表决权股，创始股东持有特殊表决权股，一股 10 票，外部投资者持有的是普通股，一股 1 票。这样安排，不影响创始人对核心事务的决策权，否则对外融资越多，创始人股权比例越低，最后将导致创始人对公司失去话语权。第二类是家族企业。很多的企业既是家族企业，又是上市公司，其核心决策权由企业的创始人及其家族后代掌控，但是该家族企业对外在资本市场上也发行股份。家族成员防止控制权旁落的工具就是特殊表决权股。家族成员持有的股份是一股10票或者一股50票甚至更多，外部市场上发行股份的购买者是一股1票。如此一来，企业的核心事务仍由家族成员决策，能保持独特的企业文化。第三种是转让受限股。股份有限公司的股票也可以限制转让，只要公司章程有规定。这种转让受限股有很大的用处，如在公司要对一些核心员工进行股权激励时，股权激励计划中通常会设定一些限制性条款，如在该员工任职期间不能转让股权，使得员工的利益和公司的利益更紧密地绑定在一起。当然，还可以通过转让受限股对其他人进行绑定，如创始股东持有的股权全部是转让受限股，这会使外部投资者更有信心，利于招募更多的新投资方。

之前的实践中只允许公众公司发行优先股，只允许科创板企业发行特殊表决权股，限制较多。现在新《公司法》完全取消了限制，任何股份有限公司都可以发行法定的各种类别股。

发行债券

公司筹资的第二种手段是通过发行债券的方式来筹资。发行股票和发行债券分别有不同的优势。股票取决于公司业绩的好坏，还取决于整体的资本市场；而债券受外部市场影响不会太大，也不取决于公司业绩，只需要公司按时固定还本付息即可。

新《公司法》第九章中关于公司债券的规定，有若干新意。

第一，统一了债券市场的监管体制。新《公司法》第195条规定，公开发行公司债券，应当经国务院证券监督管理机构注册，公告公司债券募集办法。过去的债券管理体制是较为多头的管理体制，债券品种多样，监管部门多头。首先有公司债券，其次有企业债券。企业债券由国家发展改革委主管，公司债券由证监会主管。另外还有金融债券，由金融机构发行，归银保监会等金融监管机构主管，等等。这种杂乱无章的债券监管体制更多是历史遗留问题，因此近些年的债券制度的改革方向就是统一化。

第二，更重要的变化是加强了对债券持有人的保护。新《公司法》第九章专门使用三个条文来处理这个问题，即第204~206条。这些规定可以归结为两点，确立了两种机制。

第一种机制是债券持有人会议。由于债券往往是大规模发行，持有人众多，如果持有人参与决策，那么个别的决策显然是不现实的，这时就需要一个会议化、集体化的组织体确保各持有人集中决策重大事项。

第二种机制是债券受托管理人制度。债券持有人会议决定重大事项，无法管理日常事务，因此日常事务自然由受托管理人处理比较合适。受托管理人通常由债券的承销商担任，主要是证券公司。债券的日常管理包括集中行使担保物权、参与债券发行人破产程序等。债券受托管理人应当有很多法定义务，新《公司法》第206条也特别强调债券受托管理人应当勤勉尽责，公正履行受托管理职责，不得损害债券持有人利益。

七、公司治理

公司治理是公司法的重要课题，从法律关系角度而言，公司治理涉及两个方面，一个是股东的权利，另一个是管理者的义务。公司治理处理的是公司内部关系，一端是股东，是投资者；另一端是董事、监事、高级管理人员，在新《公司法》中统称为管理者。股东的权利往往也对应着管理者的义务，当然有些管理者的义务是独立的，对公司负责。在这两个方面，新《公司法》都有很多具体的变化。

股东权利

对于股东权利，新《公司法》总体上呈现出加强股东权利保护的趋势。以股东知情权规则为例，新《公司法》进行了多个层次的改进。

第一，增加了查阅对象。原《公司法》规定股东能够查阅的公司信息范围非常有限，只规定可以查阅公司章程、股东会议记录等，至多还可以查阅会计账簿。但查阅会计账簿的手段非常弱，因为会计账簿在实践中容易造假，这显然非常不利于股东知情权的落实。对此，新《公司法》第 57 条专门提到股东可以查阅会计凭证。在《会计法》中要求会计凭证绝对真实、完整，伪造、变造会计凭证者将承担严厉的法律责任，包括刑事责任。因此能够让股东查到会计凭证，才能真正落实股东知情权。

第二，改进了查阅主体。新《公司法》第 57 条第 3 款规定，股东可以委托会计师事务所、律师事务所等中介机构查阅公司相关资料。这一规定意义也很重大，因为普通股东可能不懂会计知识或法律知识，即使有权查阅会计资料，也无从下手。原《公司法》并未规定股东可以聘请辅助人，司法解释也意识到股东的困境，因此又制定了补救性的规定。最高人民法院《关于适用〈中华人民共和国公司法〉若干问题的规定（四）》规定，法院判决支持股东查阅公司文件材料的，在股东在场的情况下，可以由会计师或者律师等依法或者依据执业行为规范负有保密义务的中介机构执业人员辅助进行。可是这个规定局限性很大，主要使用场景在执行阶段，必须股东在场，严重抑制了这种做法在实践中的运用。所以新《公司法》规定可以直接委托中介机构查阅，对于此种请求，法院在知情权诉讼中应当予以支持；委托辅助人查阅，法律也没有股东在场的相关规定。

第三，对于股份有限公司也规定了原则上相同的规则。原《公司法》关于股份有限公司股东知情权的规定特别薄弱，甚至没有规定股份有限公司股东对会计账簿的查阅权。新《公司法》第 110 条对于股份有限公司的股东知情权，进行了和有限责任公司大概一致的规定，只有两点细微差别，即股份有限公司股东要查阅会计账簿和会计凭证，有持股期限和持股比例的限制。这是为了防止股份有限公司的股东知情权被滥用，毕竟股份有限公司往往股东人数众多，竞争对手也可以通过轻易买入少量股份来要求查账，刺探公司的机密。

管理者义务

在公司治理的另一端，新《公司法》大幅加强了管理者义务，不仅强化了原《公司法》已经确立的管理者对公司的义务，还新增了管理者对第三人的责任。

董事、监事、高级管理人员的义务集中规定在新《公司法》第 179 条以下。首先是董事、监事、高级管理人员对公司的义务，新《公司法》第 180 条是基本规则，规定董事、监事、高级管理人员对公司负有忠实义务和勤勉义务。该条的新意在于，对忠实义务和勤勉义务分别作了定义。该定义非常学理化：忠实义务是避免自身利益与公司利益冲突，不得利用职权牟取不正当利益；勤勉义务是要为了公司的最大利益而尽到管理者通常应有的合理注意。

忠实义务是最底线的要求，从新《公司法》第 181 条的规定可知，违反忠实义务的行为包括侵占公司财产、挪用公司资金、擅自披露公司秘密等。管理者仅尽到忠实义务还不够，还需尽到勤勉义务，管理者要为公司的最大利益去做到管理者通常应该做到的事情。

关于忠实义务的具体要求，要区分哪些涉及忠实义务的行为是被绝对禁止的，哪些是被相对禁止的。新《公司法》第 181 条列举的行为是被绝对禁止的，但是第 182~184 条中规定的三种行为只是被相对禁止，包括自我交易、谋取公司机会和同业竞争。这三类行为并非绝对不可为，如果向公司报告，经过股东会或董事会批准，那么也可以进行上述三种行为。新《公司法》第 181 条所规定的行为对公司有害无益，而第 182~184 条所规定的行为并不一定侵害公司利益，因此允许豁免。举例而言，侵占公司财产对公司绝对有害；同业竞争之类的行为不一样，它可能是中性的，对公司无益也无害，甚至可能对公司是有益的，当然也可能是有害的，具体利害可以由公司来权衡利弊，所以这些交易并不需要绝对加以禁止。

此外，新《公司法》扩大了忠实义务和勤勉义务主体的范围，除董事、监事、高级管理人员之外，还包括第 180 条第 3 款规定的“事实董事”和第 192 条规定的“影子董事”。这两个规则的相同之处在于，其规范的对象都是控股股东和实际控制人。

根据新《公司法》第 180 条第 3 款的规定，控股股东和实际控制人虽然不担任名义上的公司董事，但实际执行公司事务，因此属于“事实董事”，要与正式任命的董事一样承担忠实义务和勤勉义务。如果控股股东和实际控制人表面上未执行公司事务但是实际上在幕后“发号施令”，董事会的一举一动都在他们的掌控之中，公司的日常事务都是由控股股东或实际控制人发短信、打电话作出指示，董事沦为台前的“木偶、傀儡”，这种情况下，控股股东和实际控制人被称为“影子董事”，他们就像“影子”一样在背后操控着公司董事。“影子董事”虽然没有实际执行公司事务，执行者仍是公司董事，公司董事却没有独立的意志，而是受“影子董事”支配。如果控股股东或实际控制人指示董事做一些损害公司利益的事情，如贱卖公司资产，这种情况就适用新《公司法》第 192 条之规定。公司的控股股东、实际控制人要与被指示从事损害公司或者股东利益的行为的董事、高级管理人员一起对公司受到的损失承担连带责任。

八、公司变更

公司变更包括公司合并、分立、增资、减资。公司减资会导致公司资本的流出，公司增资与公司筹资相关，属于公司资本制度的范畴。所以此处主要涉及的内容是公司合并、分立的相关规则，这方面的规则变化总体而言比较简单。

新《公司法》第 219 条规定了公司简易合并，第 225 条规定了公司简易减资，这两条规定使得某些小规模的或者对公司债权人没有实质性损害的公司合并或者减资变得更简单，旨在为公司提供更多的工具。

需要特别注意的是新《公司法》第224条第3款的规定涉及与定向减资有关的规则，各界关注较多。公司减资通常会涉及资本返还的问题。新《公司法》第224条第3款就确立了公司减资的等比例减资原则，即按照股东持股比例来返还出资。但是如果公司选择非等比减资，又分为两种情况：一种是每个股东都拿，但是跟股权比例不对应，有人少拿，有人多拿；另一种是只允许某人拿，其他人不拿，实践中被称为定向减资。定向减资意味着个别股东可以通过减资程序先退出，新《公司法》第224条第3款“但书”规定，有限责任公司全体股东另有约定或者股份有限公司章程另有规定的，可以非等比减资。这就为特殊的商业安排留出了必要空间。常见的情况是对赌协议相关交易。

公司最初由创始股东开办，后来为了引入新投资者，在对赌交易中，创始股东与新投资者约定，新投资者入股后，保证公司几年上市，如果公司无法上市，新投资者可以通过减资的方式先行退出。几年过去公司根本无法上市，这时新股东可以先行退出，这相当于要进行定向减资，公司资本只向新股东返还。原《公司法》对此问题未作规定。依照新《公司法》，如果全体股东有约定，这种做法是可行的，因为既然经过全体股东约定，这种做法不伤害任何人的利益。但是多数决另作安排是不可以的，因为大股东会通过多数决伤害小股东的利益。假如股东会通过多数决决议只向大股东返还出资，大股东先行退出，小股东却要留待公司回暖，这无疑是一种“以大欺小”的做法。因此多数决至少在有限责任公司的场合不行，必须全体股东一致同意。但该条对于股份有限公司没有全体股东约定的规定，立法者可能考虑股份有限公司往往股东人数太多，要达成全体股东一致几乎不可行，所以章程另有规定即可。但这种规定也存在潜在的问题，如果股份有限公司大股东操控公司章程的修改，在公司章程中规定大股东可以先行退出，岂不是可以轻易就此颠覆等比例减资的一般原则？这里需要结合法律规定进行体系解释，大股东不能滥用股东权利，按照《民法典》第132条禁止权利滥用的规定，如果大股东滥用股东权利，投票赞成对公司章程作出只允许大股东先行减资退出的修改，该投票行为就不能产生权利行使的效果。

九、公司终止

公司终止涉及公司如何解散和清算的规则。在公司终止方面几个要点需要着重关注，相关的新条文也澄清了以往的一些争议。

首先是公司解散之后由谁来清算的问题，对该问题之前的法律规定得不太一致。原《公司法》规定根据不同的公司类型，有限责任公司由全体股东进行清算，股份有限公司由董事进行清算。实践中存在许多问题，如有限责任公司中，一些小股东可能日常不参与经营，到清算阶段却要承担清算义务，最后不但没有尽到清算义务，还要承担赔偿责任。这里的赔偿责任还是指个人的无限责任，不是正常投资情况下的有限责任。在这样的规则之下，实践中曾出现很多怪异的案例，一些僵尸企业，其股东可能早就不经营这个公司，可是也没有正常注销，结果就出现了一批职业债权人，专门收购他人对这些僵尸企业的债权，然后起诉全体股东，主张全体股东没有履行清算义务，应当承担赔偿责任。由于这些股东确实没有尽到清算义务，债权人自然会获得法院支持，结果很多中小股东莫名其妙被起诉，败诉后还要以个人财产承担赔偿责任。许多小股东在公司中本来也没有得到多少收益，甚至有些还是挂名股东，结果债权人提起诉讼后却要以个人财产进行赔偿。这些现象未必合理，所以《九民纪要》也试图豁免小股东某些情况下的责任。

新《公司法》第232条规定以董事为清算义务人清算组原则上由董事组成，这意味着在有限责任公司和股份有限公司中规则统一，这样规定的好处在于可以避免中小股东无端涉诉又败诉的情况，更重要的是延续了公司管理机关的统一性。并且这里所称的董事也包括“事实董事”和“影子董事”，由此可以避免控股股东和实际控制人一边实际执行公司事务，一边又可以逃避清算义务。

此外，还有两个新增的制度，新《公司法》第240条规定的简易注销制度和第241条规定的强制注销制度。这两个制度是对现实经验的一些总结，把登记机关此前的一些探索上升为法律规定。通俗地讲，就是让公司“关门”更容易一点。

简易注销制度针对公司没有债务的情况。公司没有债务就不需要清算，经全体股东承诺，可以不经清算，按照规定通过简易程序注销公司。但是如果股东承诺不实，新《公司法》第240条第3款规定，全体股东应当对注销登记前的债务承担连带责任。

强制注销制度针对的是真正的僵尸企业。该公司早就被吊销执照或者被责令关闭，但未办理注销登记，仍被登记在商事登记簿上。这种企业为数不少，这种公司的存在，对民事主体没有伤害，一般也不会有债权人，否则债权人可能早已主张清算。但是这种公司至少浪费了行政资源，一个公司被登记在登记簿上又不注销，市场监督管理局和登记系统还要对此类公司进行管理。这种公司还占用了商号资源或企业名称资源。就企业名称而言，至少在同一行政区域内不能重名。如果能够及时清理僵尸企业，至少可以将这些企业名称资源释放出来。因此，新《公司法》第 241 条规定，公司被吊销营业执照、责令关闭或者被撤销，满三年未向公司登记机关申请注销公司登记的，经过公告，未有异议的，公司登记机关可以注销公司登记。